대한민국
부동산은
특별하다

대한민국 부동산은 특별하다
창의적 디벨로퍼를 꿈꾸는 건축사를 위한 실무 지침서

**초 판 1쇄** 2024년 04월 24일

**지은이** 박진순
**펴낸이** 류종렬

**펴낸곳** 미다스북스
**본부장** 임종익
**편집장** 이다경
**책임진행** 김가영, 윤가희, 이예나, 안채원, 김요섭, 임인영, 권유정

**등록** 2001년 3월 21일 제2001-000040호
**주소** 서울시 마포구 양화로 133 서교타워 711호
**전화** 02) 322-7802~3
**팩스** 02) 6007-1845
**블로그** http://blog.naver.com/midasbooks
**전자주소** midasbooks@hanmail.net
**페이스북** https://www.facebook.com/midasbooks425
**인스타그램** https://www.instagram/midasbooks

ⓒ 박진순, 미다스북스 2024, *Printed in Korea.*

**ISBN** 979-11-6910-622-1  03320

값 25,000원

미다스북스는 다음세대에게 필요한 지혜와 교양을 생각합니다.

Top Developer's Real Estate Prediction in Korea

**창의적 디벨로퍼를 꿈꾸는 건축사를 위한 실무 지침서**

# 대한민국
# 부동산은
# 특별하다

건축사 박진순 지음

미다스북스

한림건축그룹의 첫 번째 도시환경정비사업, 스테이트타워 남산

## "부동산의 안정화가 대한민국의 미래다"

**문주현_엠디엠그룹 회장, 전 한국부동산개발협회 회장**

과거 한국부동산개발협회 회장직을 지내며 6년 동안 가까이에서 지켜본 건축사 출신 디벨로퍼 박진순 회장에 대한 개인 이야기로 추천사를 시작하려고 한다. 박 회장은 건축사로 부동산 현장의 실무에 강하고 무엇보다 사고하는 스토리텔링이 남다르다고 본다. 스토리텔링이 남다르다고 보는 이유는 디벨로퍼 중에서 보기 드물게 감수성이 매우 뛰어나며 기승전결이 완벽한 사람이기 때문이다. 그는 길이 보이지 않아도 창의적인 아이디어를 통해 새로운 길을 만들고 그 길은 스토리텔링을 통해 새로운 비전을 제시하는 독특한 능력을 지니고 있다.

책 제목이 흥미롭다. '대한민국 부동산은 특별하다', 도대체 무슨 이야기를 하려는지 궁금하지 않을 수 없었다. 대한민국 부동산을 특별하다고 규정한 것은 대한민국의 초고속 성장을 일궈낸 1960년대의 산업화와 근대화가 진행되는 과정에서 서울로 유입되는 인구 집중을 피하기 위한 인위적인 도시 계획 정책에 특별함이 기인하고 있음을 알 수 있다. 부동산 투기 열풍의 시작, 강제 이주로 인한 사회적 갈등, 강북 인구 분산을 위한 남서울 개발정책, 명문 고등학교의 이전, 대단위 아파트 단지 조성, 디벨로퍼의 등장 대한민국 부동산의 역사를 기술하고 있다.

마지막 3장에 언급된 '2050년 미래의 도시'를 내다본 혜안이 날카롭다. 박 회장이 30년 넘게 부동산 현장에서 터득한 경험을 바탕으로 대한민국 부동산이 나아가야 할 방향을 이야기하고 있다. 과거 영국 킹스크로스 도시재생, 뉴욕 허드슨 야드 개발, 일본 구도심 개발 등 우리보다 앞선 도심 개발 사업에 성공한 글로벌 도시를 방문하는 학습을 통해 대한민국 미래 부동산 정책 방향과 비전 제안이 읽는 재미를 만들고 있다.

『대한민국 부동산은 특별하다』 책은 바로 박 회장 자신이 건설 현장과 해외 부동산을 직접 보고, 듣고 그리고 느낀 점을 토대로 대한민국의 부동산의 과거와 현재 그리고 미래로 나아가야 하는 대한민국 부동산을 종합적으로 조명하고 있다는 점에서 출간의 의미가 크다고 본다.

책 끝머리에 "부동산의 안정화가 대한민국의 미래다."라는 디벨로퍼 박 회장의 신념에 동감한다. 그 미래를 위한 첫걸음으로 출간된 『대한민국 부동산은 특별하다』를 정독하며 부동산 관련 업계 종사자 및 디벨로퍼를 꿈꾸는 사람 그리고 독자들에게 희망적이며 새로운 대한민국의 미래를 예견할 수 있는 지혜의 샘이 열리기를 기대한다.

# '대한민국 부동산은 특별하다'
# 박진순 회장의 목소리가 특별하게 다가서길 바란다

### 김승배_피데스 개발 대표이사, 현 한국부동산개발협회 회장

한국부동산개발협회 수석부회장으로 재직 시절 정책위원회 부위원장을 맡은 박진순 회장과는 매주 만남을 가진지도 어언 7~8년이 흘렀다. 그 당시 우리는 한국의 부동산 정책과 비전 그리고 협회의 발전을 위해 고군분투하며 열정이 가득했던 시간을 나누었다. 정부의 부동산 정책에 머리를 맞대며 시장에서 받아들이는 정책의 실효성에 대한 많은 논란과 쟁점 그리고 협회 차원에서 제도개선을 위한 정책 건의 등을 책으로 엮어 국토교통부에 건의하던 기억들이 새롭다.

건축사 출신 디벨로퍼 박진순 회장은 가슴이 뜨거운 사람이다. 그리고 건축 현장 소장 출신으로 보는 관점이 남다르다. 그의 남다름은 호기심과 "왜?"라는 의문으로 스스로를 학습하게 만드는 사람이다. 그러한 학습을 기초로 정부나 서울시의 부동산 정책에 항상 눈과 귀를 열고 집중하였다. 그의 논리에 의한 합리적인 판단과 때로는 역발상이 정책의 제도개선에 많은 도움이 되었다고 생각한다. 선천적으로 타고난 그의 승부사 기질은 본인 스스로에게 용기를 주고, 어려운 일을 피하지 않고 개척하는 박진순 회장의 오늘 모습이다.

생각을 실행으로 옮기려면 각오가 남들과 달라야 한다. 언제부터 준비를 했는지 모르겠지만 책을 쓴다는 것은 인내와 노력이 필요한 작업이라고 생각한다. 이야기를 들어보니 2년이라는 시간을 준비했다고 한다. 참으로 부지런한 사람이다. 그 결실인 본서 『대한민국 부동산은 특별하다』는 대한민국 부동산의 특이한 역사를 다루고 있다. 그 관점의 중심에 인구수의 변화와 주택 문제에 초점을 두었고, 이어 정권별 부동산 정책의 규제와 완화에 따른 부동산 변화 그리고 마지막에 미래 부동산 정책을 언급하며 대한민국 부동산 60년 역사를 기술하고 있다.

이 책을 통해 박 회장은 무엇을 말하는 싶은 것일까? 결론에 도달하기 위해 대한민국 부동산의 60년 변천의 역사를 꺼내 들었다. 한국 사회가 급변하는 세계 속의 한국적 상황 특히 저성장 시대의 저출산·초고령 사회의 현실과 마주하고 있다. 그리고 정부의 부동산 정책이 방향을 명확히 하지 못하고 헤매고 있다. 이제 60여 년의 데이터를 베이스로 갈팡질팡해서는 안된다. 더욱이 '포퓰리즘에 휘둘리면 안된다'는 박 회장의 결론이 시사하는 바가 매우 크다.

은감불원(殷鑑不遠), 과거의 잘못된 정책이나 행정을 거울 삼아 현재와 미래에 반영하려는 생각을 전달하는 박진순 회장의 목소리가 들려온다. 살아있는 유기체인 도시를 디벨로퍼들과 함께 좋은 도시로 만들고 소중한 가치를 나누자는 저자의 주장에 백번 공감한다. 이를 통해 대한민국 대표도시의 글로벌 도시경쟁력을 끌어올려 국가경쟁력을 높이는 지렛대가 되기를 고대하는 저자의 깊은 마음 또한 읽을 수 있어서 시민, 도시·건축·부동산 전문가, 디벨로퍼들에게 일독을 권한다.

## 도전하라! 모험하라! 개척하라!
## 더 좋은 공간, 더 아름다운 건축, 더 나은 세상을 만들기 위해
## 오늘도 질주하는 박진순 회장!

**진희선_연세대학교 교수, 전 서울시 부시장**

20여 년 전 봄비가 내리는 어느 날 종로 선술집에서 박진순 회장을 처음 대면했다. 8척이 넘는 큰 키에 장부답게 떡 벌어진 어깨, 서구형의 이목구비가 뚜렷한 각진 얼굴! 그런데 그 큰 몸집에 비해 선한 눈빛을 반짝이며 나를 쳐다보는 그 순수한 모습이 아직도 엊그제 갔건만, 어느덧 세월은 그렇게 흘러갔다. 그날 봄비에 새싹들이 움트는 소리를 들으며 우리는 많은 얘기를 했다. 논산에서 태어나 서울로 상경하여 건축을 공부했던 대학생활에서부터 졸업과 동시에 회사에 취업해 일명 노가다 공사 현장에서 고생한 얘기, 그리고 본인의 꿈을 펼치기 위해 건축사 면허를 취득하고 창업한 스토리 등등.

그 후 그를 만날 때마다 느끼는 것은 끊임없이 솟구치는 열정, 자기의 꿈을 이루기 위해 온 몸을 던지며 도전하고 열망하는 모습이 참으로 인상적이었다. 때로는 자신이 원하는 일을 이루고자 질주하는 모습이 도발적이었다. 어려운 일을 이루기 위해서는 과감한 도전과 모험 없이는 성공하기 힘들다는 것을 역사는 말해 주고 있다. 불가능할 것 같은 일에 열정과 용기로 개척하고 모험하며 결실을 거두었기에 오늘날의 한림건축그룹이 탄생한 것이다. 한림건축그룹은 창업한 지 4반세기만에 임직원이 400여명에 이르며 대한민국의 건축산업을 선도하는 중견그룹으로 성장할 수 있었다. 이제는 부지매입부터 설계, CM, 개발, 마케팅 및 컨설팅 등에 이르는 부동산 개발과 운영 전 과정을 ONE-STOP TOTAL SERVICE로 제공하는 글로벌종합부동산서비스기업으로 거듭나고 있다. 나는 그의 용기와 도전, 그리고 모험 정신에 감동한다.

　최근 박진순 회장은 글로벌시대에 맞게 사업 영역을 대한민국을 넘어 세계로 확장하고 있다. 특히 그가 눈여겨 보는 곳은 동남아시아다. 베트남, 캄보디아, 미얀마 등에 e-마트 매장 건설을 주도하고, 수천 세대의 주택사업을 추진하고 있다. 국내 건설시장에 만족하지 않고 새로운 해외시장을 개척하며 추진하는 글로벌 건설 마케팅 전략은 침체된 건설업계에 새로운 바람을 불러일으키고 있다.

　이번에 박 회장이 출간한 '대한민국 부동산은 특별하다'라는 책은 박 회장 자신의 성장사를 고스란히 담고 있다. 작은 건축설계사무소에서 건축그룹으로 성장하면서 자신의 체중이 실린 경험과 온몸으로 체험한 도시건축 철학이 그대로 녹아있다. 도전과 모험 정신으로 축적한 건설산업의 진솔한 얘기들이 술술 풀려 나온다. 그리고 지난 30여 년 동안 도시건축업계에서 쌓아온 경륜을 바탕으로 대한민국의 부동산건설산업이 나아가야 할 미래 비전을 담고 있다. 그러기에 이 책은 부동산건설업계 전문가와 관계자들뿐만 아니라 일반 시민에게도 시사하는 바가 크다. 모두에게 일독을 권한다.

　오늘도 뜨거운 태양 아래 열기가 이글거리는 동남아시아 여러 도시들을 탐방하면서 새로운 사업을 열어가는 박진순 회장의 얼굴에 자신감 넘치는 미소가 피어오른다. 세계를 누비며 더 좋은 공간, 더 아름다운 건축, 더 나은 세상을 만들기 위해 글로벌 현장을 개척하는 박진순 회장의 앞날에 늘 행운이 함께 하길 기원한다.

# 건축은 사람과 사람이 같이하는 종합 예술이다!

건축이란 사람을 가치롭게 하고,

사람을 위한 가치를 만드는 종합예술이다.

그렇기에 사람을 외면하고서는,

세상의 원리를 모르고서는 바로 세울 수 없다.

## 그렇게 나는 건축사가 되었다

나의 아버지는 한옥을 짓는 대목수셨다. 여주 신륵사 같은 큰절이라도 짓게 되었을 때는 1년 이상 걸렸기에 온 식구가 이사를 해야 했다. 아버지는 역사를 만든 장인으로서 자부심을 가지고 계셨다.

그런데 내가 중학교 1학년이었던 가을 날쯤, 아버지는 내게 창고에 있는 한옥 연장을 모두 꺼내서 마당에 갖다 놓으라고 하셨고, 석유를 뿌리고 연장 모두를 불태워버리셨다. 그 이후로 아버지는 양옥을 지으러 다니셨다. 연장을 불태우며 아버지께서 소리 없이 흘리던 눈물의 의미를, 그때의 나는 몰랐지만 지금은 조금이나마 알 것도 같다. 시대의 변화, 가족을 먹여 살려야 한다는 책임감으로 기능공이 되었어야만 했던 장인의 마음이었던 것이다.

아버지는 양옥 공사를 시작하신 후에 현장 목수 작업반장을 맡으셨다. 우리는 '목수 오야지'라고 불렀다. 나는 방학이 되면 현장에 가서 일을 돕곤 했는데, 어느 날 양복입은 사람이 현장에 와서는 도면을 보며 큰소리로 화를 내고 갔다. 어린 마음에 젊은 사람이 아버지께 그렇게 대하는 게 불쾌해서, 나중에 누군가 물어보니 설계사무소에서 나온 사람이라고 했다.

"설계사무소요? 그럼 설계사무소에서 제일 높은 사람이 누굽니까?"
"건축사지."
"그럼 아버지, 제가 건축사 하겠습니다."

내 꿈은 그때부터 건축사였다. 현장 앞의 고시원에서 건축사 공부를 하며 꿈을 키웠다. '건축사 시험에 떨어지면 어떻게 하지?' 하는 걱정에 온몸에 두드러기가 날 정도로 절실했다. 시험에 붙은 사람들에게 물어보니 '시작하면 끝을 보라'고 하기에, 3년 반이라는 시간 동안 건축사 시험을 준비했다. 필기 합격 후 1년 반 동안 2,500시간이 넘는 시간을 들여 도면을 100여 장 이상 그리고 나니 시험에 붙겠다는 확신이 들었다. 시험장에서 5시간 만에 도면을 그리고 나왔다. 합격이었다. 그렇게 나는 건축사가 되었다. 2024년 현재 업계에서 원스톱 부동산 서비스를 제공하는 한림건축그룹의 역사는 그때부터 시작된 것이다.

## 늘 준비하고 공부해야 한다

마음먹은 뭔가를 이룬다는 것, 성공한다는 것은 그냥 인생을 살다가 우연히 일어나는 일이 아니다. 늘 준비하고 공부해야 한다. 기회가 왔을 때 놓치면 안 되기 때문이다. 세상은 계속해서 변하고 기회는 우연히 온다. 그렇기에 기회를 잡지 않으면 뒤처지게 된다.

회사를 차리기 전에도 실무를 하며 남들의 시행착오를 두 눈으로 봤다.

'이건 좀 아닌 것 같은데.'
'이거는 이렇게 하면 더 좋을 텐데.'

이런 식의 생각을 하며 언제나 종합 건축적 상상의 트레이닝을 해왔고, 결국 내 사업을 하면서 그런 생각을 실제로 반영해볼 수 있었다. 그렇게 하니 실수를 덜하게 됐다. 나도 모르게 상품을 보는 눈이 생긴 것이다. 당시에는 별 볼 일 없는 일 같았지만 나중에는 결국 그게 다 자양분이 되어 준비된 설계자가 될 수 있게 한 것이다.

물론 불합리한 일들도 많이 겪었다. 1년간 준비했고, 설계부터 감리까지 하려고 했던 프로젝트를 빼앗긴 일도 있었다. 금융과 시공회사가 얽혀 있었던 것이다. 나는 그때 '먹이사슬은 저 위에까지 있구나!' 하는 현실을 자각했다. 그래서 나는 금융 공부를 하기 시작했다. 금융업계의 사람들을 만나러 모임에 나가고 포럼에 가고 책과 영상을 찾아보았다. 그리고 그들에게 우리를 소개하고 현실적으로 어필하자 일하기가 훨씬 쉬워졌다.

1998년 한림건축그룹을 구상하고, 2002년 본격적으로 설립할 때부터 도시계획, 건축설계, 감리, 건설관리(CM), 부동산 개발, 부동산 마케팅 그리고 해외설계까지 건설업 전반을 아우르는 원스톱 종합부동산기업을 준비했다. 나는 시공으로 일을 시작한 사람이기에 설계와 시공이 분리된 현장의 불합리한 점을 고쳐야 한다는 생각을 항상 해왔다. 그렇기 때문에 설계, 감리, 시공, 개발 등을 하나의 체계 내에서 실행할 수 있도록 원스톱 시스템 구조의 한림건축그룹을 구축할 수 있었다. 만약 내가 설계와 감리만 고집했다면 지금처럼 다방면으로 일할 수 없었을 것이다. 나중에 어떤 일이 있든지 준비가 되어 있지 않으면 할 수 없다는 사실을 나는 알고 있었다.

## 기회는 사람이다
그렇게 살면서 늘 느끼는 것이 있다.

"기회는 사람이다!"

사람 혹은 기회라는 운명이 내 눈앞에 찾아와도 노력하지 않으면 제대로 받아들일 수 없는 것이 현실이다.

사실 디벨로퍼들에게는 자금이 필요하다. 타인의 자본이 필요할 때가 있다. 내가 부동산 개발 사업의 첫 사업을 할 때였다. 265억짜리 토지를 매입하여 아파트 사업을 하고자 했다. 당시 나에게는 계약금만 있었기 때문에 MDM그룹 문주현 회장님께 상의를 드렸다. 토지계약 후 토지 잔금이 2개월 후라 금융 조달이 안될 경우 문회장님께서 잔금을 보장해주신다 하여 나는 과감하게 첫 개발사업을 시작할 수 있었다. 그게 나의 첫 프로젝트였다. 이후로도 성공한 프로젝트에는 모두 이러한 크고 작은 인연들, 기회들, 사람들이 있었다.

**생각한 것을 바로 실행해라! 그리고, 끊임없이 노력하라!**
3년 뒤, 6년 뒤, 10년 뒤 자신의 모습을 떠올리며 진정으로 가슴이 떨리는가?
그 사람은 반드시 성공할 사람이라고 나는 생각한다.

당신은 어떤가? 당신을 믿고 응원한 부모님, 친구들, 동료들을 위해 무엇을 하는가? 그들이 이루는 이 사회에 무언가 남길 수 있다면 멋진 일이 아니겠는가? 세상은 홀로 살 수 없다. 같이 가야 한다. 가치를 남기는 일을 같이 하며 살아가는 것이 보람있는 삶이다.

**지금부터 준비하라! 끊임없이 공부하고, 노력하라!**

이 책에는 내가 수십 년간 부동산업계에서 설계 분야 건축사 출신의 디벨로퍼로서 수많은 사람들과 교류하며 얻은 지식과 경험을 담고자 했다. 건축이란 사람을 가치롭게 하고, 사람을 위한 가치를 만드는 종합예술이다. 그렇기에 사람을 외면하고서는, 세상의 원리를 모르고서는 바로 세울 수 없다. 나는 돈만 추구하는 장사꾼이 아니라 진정한 기업인이 되고자 노력하며 살아가고 있다. 이 책에는 지나온 과거를 되돌아보고 현재와 미래를 예견하기 위해 한국 부동산 60년 역사를 나름대로 정리하고 그에 대한 나의 생각을 담아내려 애썼다.

많은 후배와 업계에 종사하는 분들을 비롯한 독자들이 이 책을 통해 특별한 대한민국 부동산 정책을 이해함과 동시에 우리들의 목소리가 직간접적으로 정부의 정책, 특히 주거정책에 반영될 수 있었으면 좋겠다.

## PART 1   대한민국 부동산, 지금까지 어떻게 왔는가?

## PART 2　대한민국 부동산 정책과 개발의 역사

## PART 3　대한민국 부동산 어떻게 가야하나

# 대한민국 부동산,
# 지금까지
# 어떻게 왔는가?

나도 어렸을 때 서울에 살았었다. 당시 살았던 하월곡동, 용답동, 노원구에 가보면 많은 것들이 변했다. 서울의 모습은 50년 전과 완전히 달라졌다. 나 역시 서울을 지나다니다 옛날 생각을 하면 새삼 놀라울 때가 있다. 그 중심에는 부동산 개발이 있었다. 서울뿐만 아니라 대한민국 전체의 부동산이 어떻게 달라져왔는지, 그 스토리를 풀어보려고 한다.

# 01

## 서울로 서울로,
## 인구 천만도시

**24만에서 1,000만으로, 75년 만에 40배 증가한 서울 인구**

서울의 인구는 1915년 24만 명에서 1960년에 244만으로 45년 만에 약
10배 증가했고, 1990년대에 이미 천만 도시가 되었다. 75년 만에 약 40배
의 인구가 늘어난 것이다. 지금까지도 서울 인구는 천만 가까이 되는데,
이는 곧 전국민의 5분의 1이 도시 하나에 살고 있다는 뜻이다.

같은 면적에 얼마나 많은 인구가 있느냐를 나타낸 인구밀도도 지속적으
로 증가했다. 1963년 5,209명/㎢ 수준이었던 인구밀도는 20년 만인 1983년
에 그 3배인 1.5만 명/㎢를 돌파했다.

가족 해체와 핵가족화로 인하여 가수 수도 늘어났다. 고도 성장기, 우후죽순으로 들어서는 주택 수가 가구 수 증가를 따라가지 못할 정도였다.

■ 급격한 인구 증가를 보여주는 인포그래픽

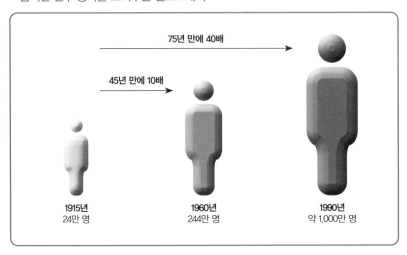

서울은 명실상부 대한민국의 정치 · 경제 · 사회 · 문화의 중심지 역할을 해온 도시이다. 100여 년도 전부터 사람들은 서울로 모여들었다. 그 결과 서울은 세계에서 인구가 많은 도시 33위, 인구 밀도 순위로는 세계 23위가 되었다. 비좁은 한반도, 특히 서울에는 어쩌다 이렇게 사람이 모이게 됐을까?

서울 인구가 본격적으로 증가세를 탄 것은 산업화와 근대화가 진행되던 1960년대부터이다. 1960년대 초반에는 서울뿐 아니라 대한민국 전체의 인구 변화가 급격하게 진행됐다. 1960년대 이전에는 절대적인 인구수가 증가했다면, 1960년대 이후부터는 가구 수 자체가 증가했다.

■ 1960~1990년대의 폭발적인 인구 증가

| 연도 | 총인구(명) | 10년 전 대비 증감 |
|---|---|---|
| 1960 | 2,445,402 | - |
| 1970 | 5,133,198 | 2,987,796 |
| 1980 | 8,364,379 | 2,931,181 |
| 1990 | 10,612,577 | 2,248,198 |

자료 : 서울시, 서울통계(주민등록인구)

　그 이유는 1960년대부터 70년대까지, 전쟁 직후의 사회적 혼란과 당시 집중적인 경제성장이다. 농촌 인구가 급격히 서울로 유입되며 서울로의 인구 집중이 심화되었다. 나 역시 70년대 초에 서울로 이주해 서울 시민이 되었고 판잣집에서 살아본 경험을 가지고 있다. 이렇게 서울로 유입된 사람들은 고도로 성장하는 도시의 노동력이 되었고, 정착하며 핵가족을 이루어 가구 수를 늘리는 결과를 낳았다. 이때 인구 팽창 속도는 경제성장 속도를 넘어섰다.

　서울의 인구밀도도 지속적으로 증가했다. 1963년 서울 행정구역이 확대되었을 때 인구밀도는 5,209명/㎢ 수준이었는데 1973년에는 1만 명/㎢, 1983년 1.5만 명/㎢를 돌파했다. 10년마다 약 5천 명/㎢씩 늘어난 셈이다. 1992년에는 18,121명/㎢로 인구 규모와 인구밀도 모두 정점을 찍었다.

■ 10년에 2배씩, 인구밀도 증가를 보여주는 인포그래픽

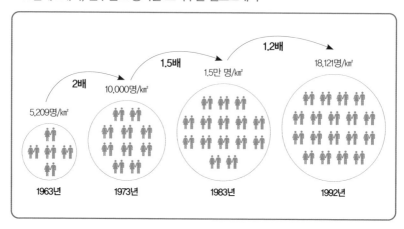

### 강남 개발의 시작, 인구 분산 정책

증가하는 인구를 수용하기 위하여 서울시는 기존 시가지의 고밀화 또는 연접지역의 계획적인 개발(서교, 동대문, 면목, 수유 등의 토지구획정리사업 외)을 추진하였다. 하지만 이러한 방식은 그 당시 폭증하는 인구를 수용하기에 적합하지 못했다. 따라서 서울시는 강북의 주택과 인프라 부족 그리고 주거환경의 취약점을 극복하고자 대규모 신규 시가지 개발의 필요성을 깨닫게 되었다.

"강북으로는 어찌할 도리가 없었어요. 인구가 점점 늘어나서. 강남 개발을 처음 시작할 때, 1970년부터 제대로 시작을 했는데 그때 서울 인구가 600만 정도가 되었거든. 강북 가지고는 해결이 안 되었어. 그래서 강남 개발 시작하게 되었지."

– 손정목(전 서울시 기획관리관, 도시계획국장, 내무국장: 1970~1977)

서울 전체 인구가 폭발적으로 증가하기 시작한 1960년대에 이미 강북의 인구는 강남의 7배에 달해 있었고, 당시 강남 3구의 총 인구는 겨우 4만 명 정도였다. 존재감이 어찌나 미미했던지, 영등포의 동쪽에 있다 하여 '영동'이라 불렸을 정도였다. 땅값 역시 60년대 중반 강남은 평당 200~300원, 강북은 1만 원이었다. 무늬만 서울이지 가난한 '깡촌'이었던 것이다. 40년 만에 강남의 땅값은 3,500배 이상 뛰어 오르게 되었다. 누가 이것을 예견할 수 있었겠는가?

나는 지금 동남아시아 국가중 베트남과 캄보디아를 눈여겨 보고 있다. 경제발전의 모델이 과거 대한민국과 다르지 않기 때문이다. 고속도로, 공항 그리고 철도 인프라가 계획되어지는 도시를 눈여겨 보고 있다.

■ 1970년 여의도

[출처 : 서울역사아카이브(https://museum.seoul.go.kr/archive/NR_index.do)]

이런 강남 개발이 시행되면서 인구는 서서히 분산되기 시작했고, 여기에 70년대 초까지 그리고 92년 이후에는 5개 신도시(분당, 일산, 평촌, 산본, 중동) 개발에 따라 수도의 중심 기능이 분산되는 교외화 현상으로 인구증감률이 둔화되었다.

## 주택이 부족하다!
### – 갈 곳 잃은 서울 시민들

"그러나 어떻든 서울은 만원이다. 의욕적인 새 시장을 만나 서울은 화려하게 단장이 되고 곳곳에 빌딩은 서고 사람들은 날로 문주란의 노래 같은 것에 잠겨들기를 좋아하고 외국의 차관은 들어오고 차관은 물론 유효 적절히 쓰이고 있을 것이었다. 적어도 우리 선량한 국민들은 그렇게 믿기로 하자. 그렇게 안 믿을 도리가 있는가. 빠이빠이 안녕."

– 이호철, 『서울은 만원이다』

경상남도에서 무작정 상경한 길녀(吉女)의 이야기를 담은 소설 『서울은 만원이다』는 당시 서울을 실감나게 묘사한 작품으로 손꼽힌다. 소설에서는 인구 240만의 1960년대의 서울을 '만원'이라고 묘사했다. 그렇다면 지금은 어떤가. 무려 천만에 육박하는 사람들이 서울에 있으니, 얼마나 빽빽하게 모여 살고 있는 것인지 가늠할 수 있을 것이다.

서울의 인구 집중 현상과 높은 인구 밀도는 주택의 부족으로 연결되었다. 1926년 서울의 주택보급률은 94.2%로 매우 높은 편이었다. 즉 10가구 중 9가구 이상이 주택에 살고 있었다는 뜻이다. 그러나 이후 인구 자체가 폭발적으로 증가하며 주택보급률은 계속해서 감소했으며 1966년에 50% 가까이까지 떨어졌다. 주택수는 꾸준히 증가하였으나 가구수가 주택수에 비해 너무도 빠르게 증가했던 것이다. 주택보급률(주택수를 가구수로 나눈 것)은 1990년까지 60%를 넘기지 못하다가 2000년이 가까워지면서야 70%를 넘었다.

■ 1961~2020년의 서울의 주택보급률

| 연도 | 주택 수 | 가구 수 | 주택 보급률(%) (2000년까지 기존산정방식) |
|---|---|---|---|
| 1961 | 275,436 | 485,129 | 56.8 |
| 1970 | 584,000 | 1,029,000 | 53.2 |
| 1980 | 968,000 | 1,724,000 | 56.1 |
| 1990 | 1,458,000 | 2,518,000 | 57.9 |
| 2000 | 1,973,000 | 2,548,000 | 77.4 |
| 2010 | 3,442,083 | 3,646,458 | 94.4 |
| 2020 | 3,778,407 | 3,982,290 | 94.9 |

(자료 : 국토교통부, 국토교통통계누리)

*2008년에 새주택보급률 채택
①1주택으로 봤던 다가구를 실제 거처에 따라 복수 처리
②1인가구도 가구수에 포함
서울의 경우 다가구 주택이 많아 주택수가 상대적으로 늘어나 주택보급률이 수치상 높게 나타남. 그러나, 주택수가 늘어난 것이지 주택공급이 늘어나 주택보급률이 높은 것이 아니다.

해방 이후 약 5년간 일본에서 약 137만 명, 만주 등에서 41만 명이 남한으로 이주했고, 북한에서도 74만 명이 월남하여 250만 명이 넘게 유입된 인구 중 절반 정도는 도시에 정착했다. 더구나 한국전쟁 이후 경제발전계획이 시행되며 농촌에서 서울로 올라온 사람들도 무시할 수 없을 정도로 많았다. 그들에게 '내 집 마련'은 꿈 같은 것이었고, 대부분 남의 집에 세를 들어 살았다. 그것도 어려운 사람들은 산비탈이나 남의 땅에 무허가 판잣집을 짓고 살았다. 1960~70년대의 대표적인 주거양식이자 '무허가 불량 주택단지'였던 '판자촌'은 이렇게 생겨났다. 판자촌은 1970년대 이후 새마을사업과 도시재개발 사업으로 개량되어 이제는 찾아볼 수 없게 되었지만, 당시 판자촌의 형성은 도시의 주택 자가점유율을 떨어뜨리고 주거환경의 질을 떨어트리는 요인이 되었다.

■ 천연동 판자촌    ■ 청계천변 판자촌

[출처 : 서울역사아카이브(https://museum.seoul.go.kr/archive/NR_index.do)]

### 결국 무너지는 '천만도시 서울'

"서울시 인구는 산업화에 따른 인구 유입으로 1988년부터 1,000만 명대를 유지하다 1992년 1097만 명을 정점으로 계속 내림세를 이어왔다. 2016년부터는 내국인 수가 1,000만명 아래로 떨어졌고 지난해에는 내국인과 외국인 합까지 1,000만 명 아래로 내려오며 '천만 서울'이 무너졌다."

– "집값 폭주에 짐싸는 서민들… '천만도시 서울' 타이틀 무너졌다",
〈세계일보〉, 2021.03.04.

■ 서울 인구 추이

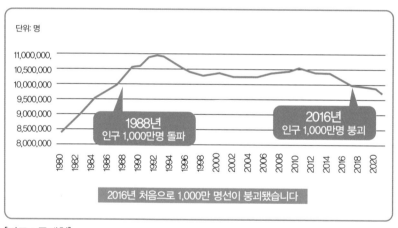

[자료 : 통계청]

1992년 이후 꾸준히 천만도시의 위엄을 지키던 서울은 결국 약 25년 만에 그 타이틀을 내려놓아야 했다. 인구가 꾸준히 줄어든 데에는 많은 이유가 있다. 저출산 고령화 현상, 정부의 공공기관 이전 정책으로 인한 인구

분산, 교통수단의 발달로 주변 권역에 발달하게 된 베드타운들은 서울의 인구가 떨어지게 되는 데 영향을 미쳤다. 그러나 서울의 높은 집값, 그에 미치지 못하는 주거환경 질의 악화가 큰 영향을 미쳤다. 사람들은 이제 서울에서 주변 경기권으로 이동하고 있다.

그렇다면 사람들이 서울에서 떠나가는 이유는 무엇일까? 많은 전문가들이 이 현상의 원인으로 서울 부동산 오름세를 꼽는다. 문재인 정부 시절의 규제와 강화 일변도의 부동산 정책 때문에 서울 아파트와 전셋값은 급상승했고, 사람들은 경기도로 떠밀려 나갈 수밖에 없었다. 혹은 같은 값이라도 서울에서 조금만 벗어나면 주거환경이 확연히 나아지니 경기권을 선택하는 경우도 있었다. 이렇게 서울의 천만 인구를 무너트린 부동산과 주거환경, 인프라의 문제는 비단 오늘날 만의 문제가 아니다.

### 서울이 맞닥뜨린 문제들, 과거와 오늘

1960년대부터 서울의 인구가 폭발적으로 증가하면서 부동산 시장에 투기 세력이 늘어나기 시작했다. '투기 열풍'은 1960~70년대부터 존재했다. 투기 열풍으로 전셋값은 치솟았다. 개발 초기 단계였던 1960년대에는 부동산 투기로 얻는 시세차익이 20~30배에 달했다고 한다.

도시 전체의 계획이 아니라 투기 세력들에 의해 건설된 건물들로 구성된 도시, 서울은 인프라 부족으로 몸살을 앓았다.

철마다 태풍이나 장마가 오면 그 피해를 고스란히 맞아야 했다. 한남동, 영등포, 용산 등은 여름철마다 물이 무릎이나 허리 이상으로 차오르기 일쑤였다. 90년대 초반까지만 해도 한강이 넘쳐 마포와 일산이 물에 잠기는 수해가 있었을 정도였다. 이렇게 서울은 매년 어마어마한 정도의 인적, 물적 피해를 입어야 했다.

■ 1966년 광화문 수해 현장

[출처 : 서울역사아카이브(https://museum.seoul.go.kr/archive/NR_index.do)]

무계획적인 도시 개발은 기형적인 도시 교통 체계라는 결과를 낳았다. 1960년부터 1970년대까지 인구 규모가 급격히 확대되며 대중교통 인프라 부족이 시급한 문제로 대두되기 시작했다. 실은 대중교통뿐 아니라 도로와 교량이 부족했는데, 1980년대부터는 국민소득수준이 향상되고 자동차 수 자체가 늘어나면서 이에 미치지 못하는 교통 인프라 부족 문제가 더 심각해졌다.

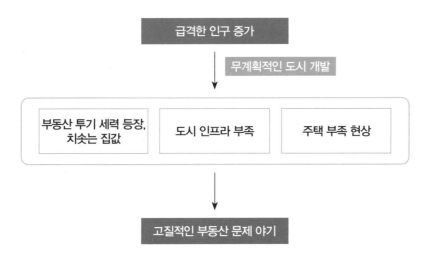

투기 열풍, 치솟는 집값, 주거환경 질의 악화, 인프라 부족, 고질적인 교통 문제, 이러한 문제들이 과연 과거만의 문제일까?

여전히 서울 및 수도권의 인구 집중 문제는 대두되고 있다. 부동산 오름세로 '내 집 마련'은 다시 서민들의 꿈이 되었다. 인프라 부족에 대한 문제 제기는 꾸준하다. 더구나 시대가 변하면서 전기차 충전과 같이 필요해지는 인프라는 늘어나고 있다. '그나마 서울은 낫다'며 수도권 외 타 도시로 눈을 돌리면 문제는 심각하다. 서울의 교통 문제는 유명하다. '출퇴근길 서울에서는 차를 타는 것보다 뛰어가는 것이 빠르다'는 한탄 섞인 우스갯 소리가 나올 정도다. 베드타운과 서울을 오가는 직장인들은 아침과 저녁마다 1시간이 넘는 시간을 길바닥에 버리고 있다. 지하철이나 버스 등 대중교통 사정도 좋지는 않다. '콩나물시루'에 끼어 출퇴근한다는 말은 흔하다.

부동산 개발자 입장에서 인프라구축, 교통 여건은 국민의 주거안정뿐만이 아니라 부동산 가격에도 지대한 영향을 끼친다. 특히 수도권 외곽에서 서울의 주요 거점을 연결하는 GTX A, B, C, D 노선 인프라구축으로 지역의 부동산 가격을 상승시키는 효과를 가져온다. 신도시 입주민과 차량 증가에 따른 교통량에 비해 철도, 도로, 대중교통수단 등 교통인프라 확충이 따르지 못하면 국민들은 심각한 교통 불편을 겪으며 살아야 한다. 실제로 2019년 9월에 개통된 김포골드라인 경전철은 정치 · 행정 판단 미흡으로 지옥철이 되었다. 2기 신도시 입주 시기와 교통개선대책 집행의 불일치로 출퇴근길의 주민 불편이 나날이 가중되고 있다. 정부는 서울의 비싼 집값을 피해 경기도로 모여드는 직장인들의 출퇴근 고충을 방치하지 말고 서둘러 교통개선 대책을 실행해야 한다.

# 02

# 폭발하는 인구 + 부족한 주택 =
# 도시문제

### 도시의 일부가 되어버린 문제, 빈민촌

가마니골, 문바위골, 희망촌, 가마니촌, 뚝방, 무더기촌, 철새마을….

1980년대까지만 해도 서울에만 220여 군데가 넘는 빈민촌이 있었다. 빈민촌에는 서울 인구의 3분의 1 정도가 거주했다. 현재 상계동, 중계동, 난곡, 봉천동, 사당동, 양동, 삼양동, 하월곡동, 가리봉동, 신정동 등은 서울의 대표적인 빈민촌이었다.

한국 전쟁이 끝나고 서울로 몰려든 사람들이 '내 집 마련'을 할 수 있을리 만무했다. 사람들은 산자락이나 하천변에 무허가 판자촌을 짓고 거주하기 시작했다. 산등성이나 산비탈에 가난한 사람들이 모여 사는 지역이 형성되었고, 높은 곳에 위치해 달이 잘 보인다고 하여 이러한 판자촌을 '달동네'라고 불렀다.

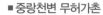

[출처 : 서울역사아카이브(https://museum.seoul.go.kr/archive/NR_index.do)]

　　낭만적으로 보이기까지 하는 이름이지만, 달동네는 불법·불량 주거지였다. 이 주택들의 64%는 정상 주거지역 근처에 흩어져 있었지만 나머지는 하천 부지, 고지대, 철도변 등의 국공유지까지 무단으로 점거하고 있었다.
　　도시 빈민 계층 주거지의 대명사였던 달동네는 도시개발에 따라 움직였다. 1960년대 중반, 충무로 남산 일대가 재개발 되면서 달동네는 사당동으로 옮겨갔고, 한남동의 판자촌이 헐리면서 신림동에 달동네가 생겼다. 무악재에 살던 사람들은 봉천동으로 옮겨갔다. 달동네는 이렇게 떠밀리고 부유하면서 1980년대 후반까지 존재했다. 그리고 이것은 사회문제로 나타나게 된다.

### 단순 철거와 개발에만 치중한 빈민촌 대책

도시 빈민촌의 정비와 재개발은 1960년대부터 꾸준히 제기되어 온 문제였다. 그러나 이후 약 20여 년간 시행했던 재개발 사업들이 모두 성과 없이 끝나는 과정에서, 불법·불량 주택지는 판자촌, 달동네라는 이름으로 서울의 일부가 되었다.

경제개발 5개년 계획이 시작된 1962년 이후, 정부는 본격적으로 이 문제를 개선하기 위해 움직이기 시작했다. 전면 철거와 도심 외곽지로의 이주 정책이었다. 도시 미관의 개선과 토지 이용상의 문제가 그 이유였다. 그러나 이주한 주민들은 일자리를 찾아 도심으로 들어올 수밖에 없었고, 이러한 상황을 고려하지 않은 정책은 실효를 거두지 못했다.

■ 봉천동 주택지구

[출처 : 서울역사아카이브(https://museum.seoul.go.kr/archive/NR_index.do)]

1967년에는 *무허가 주택 양성화 사업이 발표되었지만 선거용 공약에 불과하여 금방 중단되었고, 철거민들을 집단으로 이주시키는 정책과 시민 아파트 건립 정책이 마련되었다. 대단지 거주지를 조성하여 주민들을 집단 이주시키겠다는 것이었다. 그리고 1968년에 대단지 거주지 부지로 경기도 광주군 중부면 일대가 선정되었다. 하지만 정책 관리가 부실했고 개발에만 치중하여 진행되었으며, 1971년에 사업 자체가 중단되었다. 정부가 철거민들을 이주시키려고 했던 광주 단지는 인프라가 전혀 들어오지 상태였기 때문이었다. 이에 철거민 3만여 명이 격렬히 반발하며 시위한 이 사건을 '광주 대단지 사건'이라고 부른다. 이때의 정책 역시 불법 · 불량 주거지를 눈에 띄지 않도록 외곽 지역으로 옮겨놓은 것이나 다름없었다.

## 무허가 주택 양성화 사업

　서울시는 1971년 6월 5일에 서울 시내 124개 지역 24,337동의 무허가 건물에 대한 양성화 사업을 실시하기로 결정했는데 이태원, 보광동, 한남동의 판자촌도 포함이 된다. 이 사업에서 서울시는 건물을 개축하면 건축허가를 내주고 대지가 국공유지인 경우 불하를 해주는 등의 편의를 주어 판자촌이 개량된 주택지역이 되도록 하였다. 이에 따라 주민들도 필지를 새롭게 구획하고 2층 이상의 벽돌 혹은 시멘트 재질의 연립주택을 짓게 된다. 이 연립주택들에는 서울로 올라온 지방민들이 정착하게 되고 서울의 주택난 속에서 점차 서울의 가장 대표적인 지방민 초기 정착지로 자리매김하게 된다.

■ 한남동 무허가 건물 양성화 사업

[출처 : 서울역사아카이브]

■ 경기도 광주 대단지 사건

[출처 : 서울역사아카이브(https://museum.seoul.go.kr/archive/NR_index.do)]

1978년에는 기존 건물을 철거하고 3~5층의 저층 아파트를 짓는 방식으로 사업 방식을 바꾸었는데, 이 역시 전면 철거를 전제로 했기 때문에 주민들의 저항에 부딪혀 포기하게 되었다. 1983년부터 시작된 합동재개발사업 역시 불량 주택지를 상업적으로 재개발하기 위해 해체하는 과정이었다. 이때 주민조합을 결성하고 민간개발업자가 참여하는 것을 허용하면서 불량 주택지의 재개발에 불이 붙었으나, 역시나 주민들 입장에서는 생존의 위협이 되는 것은 마찬가지였다.

1970~80년대에는 특히 철거 문제를 둘러싼 주민들의 시위가 끊임 없었다. 이러한 사회적인 문제는 조세희의 『난장이가 쏘아 올린 작은 공』에서

도 발견할 수 있다.

"나는 바깥 게시판에 적혀 있는 공고문을 읽었다. 거기에는 아파트 입주 절차와 아파트 입주를 포기할 경우 탈 수 있는 이주 보조금 액수 등이 적혀 있었다. 동사무소 주위는 시장바닥과 같았다. 주민들과 아파트 거간꾼들이 한데 뒤엉켜 이리 몰리고 저리 몰리고 했다. 몇 사람의 거간꾼들이 우리를 둘러싸고 아파트 입주권을 팔라고 했다."

### 끊임 없이 확장하는 불법·불량 주택지, 떨어지는 주거 환경의 질

1970년대까지 불법·불량 주택지는 사당, 상계, 봉천, 신림, 난곡, 시흥 등으로 확장되었다. 이전에 '집단 이주'에 그쳤던 정책은 1970년대에 들어서 개발을 통한 안정화 정책으로 바뀌었다. 1973년에는 지금까지와 다르게 불량 주택지에 공공시설을 설치하고, 토지 소유자가 자발적으로 주택을 개량하도록 유도하는 주민 위주의 재개발 정책을 추진하였으나, 이 사업 역시 주민들의 빈곤과 예산의 부족으로 중단되었다.

1960년 전쟁 이후 농촌에서 도시로 올라온 사람들 중 어떤 사람들은 1970년대를 지나며 산업화의 주역으로서 중산층으로 발돋움하기도 했지만, 그렇지 못한 사람들은 80년대가 될 때까지 가난에서 벗어나지 못하여 그대로 도시빈민층으로 굳어졌다.

그들은 안정적이고 정규적인 직업을 가지지 못했고, 노점상, 행상, 일용

직 노동자, 하청 노동자 등으로 일했다. 낮은 소득은 불안정하기까지 했기 때문에, 전체 소득의 3분의 2 이상을 주거비와 식비로 사용해야 했으므로 투자는커녕 저축조차 어려운 것이 빈민층의 삶이었다. 빚이 늘지 않으면 다행인 수준이었다. 1974년, 저항시인 문병란은 시 〈고무신〉에서 도시 빈민의 삶을 그려냈다.

머슴의 발바닥 밑에서
식모살이 순이의 발바닥 밑에서
뜨겁게 뜨겁게 닳아진 세월,
돌멩이도 걷어차며 깡통도 걷어차며
사무친 설움 날선 분노 안으로 삭이고
변두리로 변두리로 쫓겨온 고무신

– 문병란의 〈고무신〉 중에서

10년, 20년이 지나도 빈민촌의 주거환경은 1960년대와 다를 것이 없었다. 방은 2~4평 정도로 좁은 데다 주민의 절반 정도가 그 좁은 하나의 방에 3명이 거주했다. 당연히 프라이버시는 보장되지 않았다. 초기 판자촌의 벽은 말 그대로 나무판자나 천막이었다. 정상적인 자재는 아니었을 뿐더러 상·하수도 등의 기본 시설도 없었기에 해충과 질병에 노출되어 있었다. 게다가 주택은 자연재해나 화재, 가스 중독 등의 사고로부터 사람들을 지켜주지 못했다. 집들이 다닥다닥 붙어 있어 화재시 소방차 진입이 불가한 것은 물론 불이 빠르게 번져 피해는 확대되기 일쑤였다. 빈민촌이 전체 주거환경의 질을 떨어트린다는 사실은 명확했다.

■ 1966년 서부이촌동 판자촌 모습과 1977년 하천변 판자촌 모습. 크게 달라진 것이 없다

[출처 : 서울역사아카이브(https://museum.seoul.go.kr/archive/NR_index.do)]

### 철거 vs. 재개발, 주거 불안정이 수많은 사회 문제를 낳다

1980년의 조사에 의하면 서울 주민의 70%는 남의 집을 빌려 살았고, 50%는 방 한 칸을 얻어 셋방살이를 했다. 그들에게 필요한 것은 불량 주택의 개선이라기보다는 주거환경 자체의 개선이었다. 단순히 도시 저소득층을 위한 주택 정책이 아니라 주거 대안이 필요했던 것이다.

1960년대 하반기부터 인구가 폭발적으로 증가함에 따라 이미 물 부족, 수질오염, 대기오염, 교통난, 주택난 등의 도시 문제는 심각해져왔다. 그

리하여 1970년 전반기부터는 이러한 문제들의 해결을 위해 지하철 1호선 (서울역−청량리역)과 외곽순환도로, 하수처리장, 분뇨처리장 등을 건설하고, 상수도 시설을 대대적으로 확충했으며, 도시가스를 도입하는 등 다양한 시도를 통해 도시문제를 해결하려고 했으나, 누적되어온 도시문제는 쉽게 해결되지 않았다.

최근 건설사들이 개도국의 상하수도 '수(水)처리 사업'에 진출하고 있다. 한림건축그룹도 방글라데시 치타공 하수처리 · 물공급 시설 프로젝트(약 140억) CM 우선 협상자로 선정되었다. 개도국은 도시화가 급속히 진행되는 반면 상하수도 보급률은 매우 낮아 하 · 폐수 처리 시장이 크게 성장한다. 건설업계에서 수처리 사업은 앞으로 사업 규모가 점점 커질 것이고, 수준 높은 기술력과 경험을 가진 한국 기업의 동남아 진출이 활발해질 것으로 전망된다.

게다가 1980년에는 주택 가격과 임대료가 폭발적으로 상승하면서 불안정한 주거생활을 하던 계층들이 부담을 안게 되었다. 1966년에 50%로 최저점을 찍은 주택보급률은 1980년대까지 60%를 넘기지 못했다. 이로 인해 집이 있는 계층과 집이 없는 계층 간의 갈등, 노사문제, 임금문제, 물가문제 등과 함께 주거 불안정이 심각한 사회 문제로 대두되었다.

■ 전국과 서울의 주택보급률. 전국 주택보급률은 2008년에 100%를 돌파했다

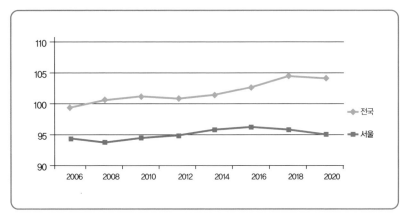

| | 2006 | 2008 | 2010 | 2012 | 2014 | 2016 | 2018 | 2020 |
|---|---|---|---|---|---|---|---|---|
| 전국 | 99.2 | 100.7 | 101.5 | 101.1 | 101.9 | 102.6 | 104.2 | 103.6 |
| 서울 | 94.1 | 93.6 | 94.4 | 94.8 | 96.0 | 96.3 | 95.9 | 94.9 |

[출처 : 통계청(2010년부터는 등록센서스 통계)]

　　그리하여 1980년대 후반 이후에는 단순히 불량 주택을 철거하고 주민들을 이주시키는 것이 아니라 주거 환경개선지구를 지정하고 상하수도와 공동작업장을 설치하는 등 주거환경 개선 차원의 개발이 진행되었다. 1988년부터는 주택 200만 호 건설이 시작되었으며 그 결과 2008년에 전국 주택보급률은 100%를 돌파했다.

　　불법·불량 주택지의 재개발은 토지의 효율적인 이용, 전체적인 주거환경 질의 상승을 위해 필요한 사업이었다. 그러나 사업 추진 과정에서 나타나는 투기 문제, 계층적·사회적 문제, 주민 사이의 갈등, 철거 과정에서

의 강제와 폭력, 주거권 침해와 인권 유린 등 다양한 문제들을 비롯한 교통난, 주거난, 수질오염, 대기오염 등의 도시문제들은 여전히 풀어야 할 과제로 남아 있었다.

# 내 집 마련의 염원,
# 그리고 부동산 투기

### 치솟는 집값, 집 없는 설움

해방 이후 격동기를 거친 1960년대 서울에는 갖가지 도시문제가 풀리지 못하고 누적되어 있었다. 기존에 노후된 주택들과 부족한 인프라, 취약한 도로망, 판자촌이라고 불린 빈민촌 형성과 더불어 급격히 증가하는 인구 수와 가구수를 따라가지 못하는 주택 부족 현상까지 있었다.

주택 보급률은 60년대 바닥을 친 뒤 꾸준히 증가하였지만, 50년이 넘게 흐른 지금까지도 여전히 '내 집 마련'은 서민들의 꿈이다. 사람들에게는 주택보급률이라는 수치보다 '나에게 내 집이 있는가'가 더 중요한 문제이다. 수많은 주택 공급 정책과 현장에서는 '내 집 마련'이라는 카피가 빠지지 않는다.

1960년대 이후 도시 주민의 대부분은 남의 집에 세를 들어 살았다. 한 집에 두 가구가 사는 경우가 가장 많았으나, 네 가구 이상이 사는 집도 있었다. 게다가 세를 들어 사는 경우 단칸방인 경우가 더 많았다. 실제로 단칸방에 아빠, 엄마, 아이들, 삼촌과 외숙모 등이 함께 지내는 집이 많았다.

살고 있는 집을 상황에 맞게 고칠 수 없었던 임차 가구들은 이사를 다니며 필요를 충족시키려고 했다. 아이가 생기면 거실이 넓은 곳으로 이사를 가고, 아이가 크면 방이 더 있는 곳으로 이사를 갔다. 그러나 이렇게 주거의 질적 환경 개선을 위해 이사를 다닐 수 있다면 운이 좋은 것이었고 대부분은 집세 인상이나 재개발 정책과 같은 요인으로 떠밀리듯 이사를 다녀야 했다.

"현재 서울시내에 주택이 없는 사람 수는 3백70만 인구의 거의 반인 약 1백70만 명 정도로 전세방을 얻어 살고 있는 실정이다. 이들이 전세방을 얻어 매년 이사를 하고 있는데 물가는 계속 상승하여 전셋값도 덩달아 대폭 오르는 경향이다."

– "계절따라 경기따라 (5) 복덕방" 〈매일경제〉 1967년 3월 18일.

당시 정치인들의 단골 공약은 '내 집 마련, 서민을 위한 주택 공급'이었으나 부동산 정책은 중산층 위주로 시행되었고, 서민을 위한 대책이 주요하게 다뤄지지는 않았다. 또한 그당시 물가와 전세값의 상승은 결국 서민들이 외곽으로 밀려갈 수밖에 없었다. 2023년 현재 부동산 정책의 실패, 물가 상승, 자재비 상승, 고임금, 미국 기준금리 인상으로 영끌족의 고금리 이자 부담, 주택가격 하락으로 역전세난 등 부동산 시장의 혼란을 고려할 때 1960년대의 상황은 절대적인 주택공급 부족에서 오는 현상이었다.

■ 서울의 높은 전셋값을 다루고 있는 1967년 신문 기사

[출처 : 네이버 뉴스 라이브러리, 〈매일경제〉, 1967.03.18.]

대한민국 부동산은 특별하다

## 아파트 분양과 투기 붐

그러는 와중에 부동산 시장은 서민이 발붙이기 어려운 곳이 되어가고 있었다. 1970년대 초 반포 아파트 분양 때부터 아파트가 투기의 대상으로 떠올랐다. 고소득층에게 분양가가 싼 아파트는 쌀 때 사두었다가 얼마든지 되팔 수 있는 자산 증식의 수단이었던 것이다. 이때 '복부인'이라는 사람들이 등장했다. 사회적 지위가 높은 남편을 가진 이른바 '상류층 사모님'들 중 부동산 투기를 하는 사람들을 말했다. 복부인들의 돈에 대한 욕심을 그린 〈복부인〉이라는 영화가 나왔을 정도였다.

■ 영화 〈복부인〉 스틸컷

[출처 : 네이버 영화 스틸컷]

1970년대 중반 이후, 서울의 아파트 분양 신청률은 40:1, 심하면 70:1까지 올라갔다. 이에 힘입어 아파트 가격은 더욱 더 올라가 빈익빈 부익부를 부추겼다. 초기 단계였던 1960년대에는 부동산 투기로 얻는 시세차익이 20~30배에 달했다고 한다.

정부에서는 1977년부터 81년의 제4차 경제개발 5개년 계획을 진행하는 동안 주택 가격을 안정시키려는 목표를 세웠으나, 주택보급률은 크게 오르지도 않았으며 더구나 투기 붐은 여전했다.

■ 1975년 투기 열풍과 관련된 신문 기사

[출처 : 네이버 뉴스라이브러리, 〈동아일보〉, 1975.03.21.]

■ 1974년 잠실시영아파트 기공식 설명회에 모여든 사람들

[출처 : 서울역사아카이브(https://museum.seoul.go.kr/archive/NR_index.do)]

■ 1970년대 반포아파트 분양 안내 자료

투기 붐이 꺼지지 않자 아파트가 아무리 대량으로 공급되어도 정작 서민들이 혜택을 보는 경우는 드물었다. 여전히 서민들의 가장 큰 꿈은 '내 집 마련'이었던 것이다. 당시 서민들은 '내 집 마련'의 꿈을 이루기 위해 월 소득의 70% 이상을 저축했다. 그렇게 허리띠를 졸라매고 은행에서 대출하여 내 집을 마련할 수 있는 사람들은 그나마 희망적인 편이었다. 그마저도 힘든 저소득층에게 현실은 오히려 절망이었다.

당시 창고, 지하 셋방, 달동네를 전전하는 가구가 전국에 500만이었다. 서울은 물론 가장 심한 축이었다. 더구나 집값과 전셋값은 천정부지로 치솟았다. 1980년대 후반, 3저(저달러, 저유가, 저금리) 호황으로 경기가 과열 양상을 보였다. 연간 경제성장률은 10%를 돌파했고 국제 수지도 흑자를 기록했다. 당연히 주택 수요는 급격히 증가했는데, 당시 주택 보급률은 70%가 조금 넘는 수준으로 불안정했다. 주택을 가지고 싶은 사람은 많고 주택은 적은 상황에, 소득이 많아지니 집값이 오르는 것은 당연한 수순이었다. 1987년부터 1990년까지 집값도 올랐지만, 전셋값은 2배 가까이 상승했다. 3~4년 만에 거의 2배가 오른 것이다. KB 국민은행에 따르면 당시 서울은 물론 경기도, 6대 광역시까지 모두 비슷한 수준으로 전셋값이 급등했다.

"2~3년 전 결혼하여 아이를 하나, 둘 가진 가장들은 한결같이 올봄에 뛴 전셋값을 걱정하고 그 돈을 가지고 다른 잡으로 옮기려 해도 그 이상 뛰어버린 전세에 울며 겨자 먹기로 그동안 저축한 돈을 주인에게 건네주며 눌러앉아 있어야 한다고 입을 모으는 것이다."
— "서민의 내집 마련 작전은 절약뿐인데…", 〈경향신문〉 1983년 5월 10일.

■ 저축해도 내 집 마련을 할 수 없는 서민의 현실을 보여주는 신문 칼럼

[출처 : 네이버 뉴스 라이브러리, 〈경향신문〉 1983.05.10.]

'집 없는 설움'이라는 말 그대로였다. 조건과 상황에 맞는 셋방을 구하는 것, 주인집의 눈치를 보며 화장실이나 수도를 쓰는 것, 세가 오를지 전전긍긍해야 하는 것 등은 세입자의 설움이었다. 겨우 방을 구해 들어가도 몇 개월만에 셋값이 주인 마음대로 오르기도 했던 것이다. 전세금 마련을 위한 강도나 방화 등 강력범죄 사건, 자살 사건이 줄지었다.

"매년 오른 집세도 충당할 수 없는 서민의 비애를 자식들에게는 느끼게 하고 싶지 않다."

이 말은 1990년 4월, 전셋값 폭등으로 일가족이 자살하면서 남긴 유서

중에서 발췌한 것이다. 40대 부부와 7살, 8살 자녀들은 서울 천호동에 보증금 50만 원에 월세 9만 원 반지하 단칸방에 살고 있었는데, 치솟는 전셋값 때문에 방을 얻지 못해 동반자살 했다. 같은 해 두 달 동안 17명의 세입자들이 생활고로 잇달아 자살하여 합동 추모식이 열리는 등 본격적인 사회적인 문제로 대두되기 시작했다. 이에 마침내 정부도 이 문제를 해결하기 위한 정책을 쏟아내기에 이르렀다.

04

확장되는
도심 재개발 사업

## 1962년, 대한민국 최초의 단지 아파트 완공

대한민국은 아파트가 곧 부동산인 나라같다. 부동산에는 단독주택, 상
가, 창고, 공장 등 다양한 형태가 있지만 부동산 정책을 보면 대부분 아파
트와 관련된 내용이다. 부동산이 올랐다고 하면 아파트값을 이야기하는
경우가 많고, 대부분 사람들의 관심도 아파트에 몰려 있는 것이 사실이다.

그렇다면 언제부터 대한민국은 이렇게 '아파트'에 집착하게 된 것일까?
우리나라의 최초의 아파트는 1958년에 건설된 종암아파트이지만, 요즘과
같은 모습의 최초의 단지 아파트는 1962년 완공된 마포구 도화동 마포아
파트이다.

■ 최초의 공동주택, 종암아파트

[출처 : 서울역사아카이브(https://museum.seoul.go.kr/archive/NR_index.do)]

■ 한국 최초의 단지식 아파트, 마포 도화아파트

[출처 : 한국정책방송원 e영상역사관)]

대한민국 부동산은 특별하다

■ 현재의 마포 도화아파트

[출처 : 네이버지도]

당시로 보면 획기적인 공간계획이었다. 현재의 관점에서 보아도 결코 작지 않은 1만 3,000평의 대지에 총 10개동 564가구(29㎡, 39㎡, 49㎡)를 집합시킨 최초의 단지식 아파트였다. 그러나 당시에는 아파트에 대한 인식이 부정적이었다.

"첫째가 소음, 밤늦게 술을 마시고 계단을 쿵쿵거리며 올라오곤 큰소리로 부인을 불러대는 일이며, 밤늦게 라디오를 틀어놓고 히히덕거리는 일들이 자주 일어나 소음 노이로제에 걸리지 일쑤라는 것이다. … 다음이 불

결이다. 방안을 물론 방 바깥이며 마당 등에 휴지며 쓰레기를 함부러 버려

버린다는 것이다."

– "아파트 진단", 〈조선일보〉, 1962년 11월 18일.

[출처 : 네이버 뉴스 라이브러리, 〈조선일보〉, 1962.11.18.]

이밖에도 수압이 약하여 상층에는 한나절씩 물이 나오지 않는 등의 수도 문제나 관리자와 입주자 사이의 트러블, 다달이 내야 하는 월세로 인한 부담, 당시만 해도 익숙지 않았던 수백~ 수천 명을 이웃으로 두는 공동생활에 대한 거부감 등 때문이었다.

그러나 이후 서울 용산구 한남동의 외국인 전용 힐탑아파트, 용산구 동부이촌동 공무원 아파트 등이 건설되며 아파트는 부유층의 전유물로 여겨지기 시작했다. 그 당시 생활 수준이 향상되며 프라이버시 보호, 환경개선, 부대시설 등의 욕구를 충족하는 상품을 만들기 시작했다. 그리고 1970년대 강남이 개발되며 본격적으로 아파트개발 붐이 일었다.

■ 낙원아파트 공사 현장과 탑골공원 파고다 아케이드

[출처 : 서울역사아카이브(https://museum.seoul.go.kr/archive/NR_index.do)]

## 1960~70년대, 불 붙은 도심 재개발 사업, 민간 대형 건설사의 등장

도심재개발사업의 필요성은 1960년대부터 꾸준히 제기되어왔다. 늘어나는 인구, 떨어지는 주택보급률, 우후죽순으로 생겨나는 빈민촌, 그에 따라 생겨나는 도시 문제를 해결하려면 필수적인 사업이었다. 그러나 도심재개발사업이 실제로 진행된 것은 1970년대였다. 1971년 도시계획법에 도심재개발 사업에 관한 조항이 신설되는 등 관련법과 제도가 생기기 시작했기 때문이었다. 이에 따라 1973년 최초로 도심지의 소공, 장교, 다동 등 11개 도심재개발구역이 지정되었고, 1976년 최초 도시재개발법 제정되어 적극적인 도시환경정비 정책을 전개하기 시작했다.

■ 도심부 사업 추진현황

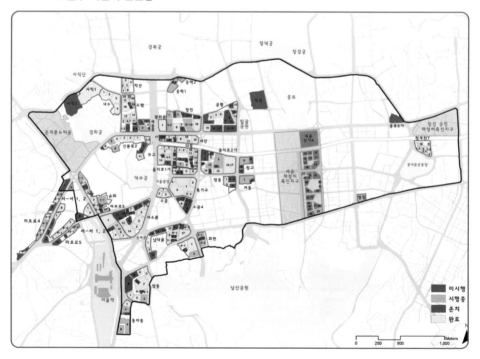

대한민국 부동산은 특별하다

■ 2030 서울 도시·주거환경정비기본계획 [서울 도심부 정비(예정)구역]

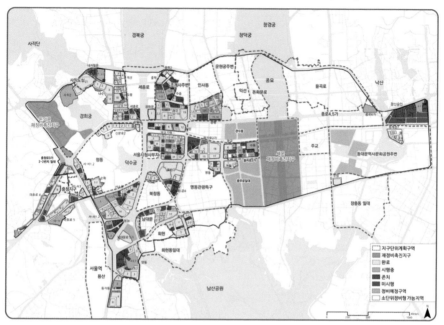

1971년에는 개발가능지역이 축소되어 고밀도개발을 하게 되었다. 1970년대 상반기에 간선도로망과 공공시설을 거의 구축했는데, 1976년에 정부는 1976년에 도시재개발법을 도입하고 잠실지구, 영동지구를 아파트 건설지로 대폭 변경해 주택난 해소에 기여했다.

1970년대에는 인구분산정책의 일환인 복지주택, 공무원과 국영기업 직원을 대상으로 한 모범주택, 수재민 등을 대상으로 한 재해주택 등이 공급되었지만 단기에 분양전환이 되었기에 엄밀하게 말하면 완전한 의미의 공공임대주택은 아니었다. 앞에서 이야기한 우리나라 최초의 단지아파트 마포아파트도 공공기관이 공급한 첫 임대주택이기도 했으나, 재원의 한계로 인해 분양전환되었다. 이런 주택들은 투기의 대상이 되었으므로 1980년 이전에 모두 중단되었다.

경제는 성장하고 소득은 향상되는데도 주택 부족 현상은 나아질 기미가 보이지 않았다. 오히려 심화되고 있었다. 이에 제3차 경제개발 5개년 계획(1972~1976)은 주택건설 계획에 중점을 두고 진행되었는데, 1972년 12월 주택건설촉진법을 제정하고 민간 주택개발사업에 대한 공공자금 지원이 제도화되었다. 이로써 민간 기업들이 아파트 건설에 뛰어들었고, 도심재

**도입기**

1960년대
도심부 재개발에 대한 필요성 인식

1970년대
전면철거를 통한 낙후된 도심부 현대화

개발에 불이 붙기 시작했다.

　1970년대 전반기부터 본격적으로 진행된 남서울계획에 힘입어, 민간 기업들이 강남의 대규모 아파트 단지 건설에 참여했다. 삼익주택의 삼익아파트와 대교아파트, 한양주택의 은하아파트와 한양아파트, 현대건설의 압구정동 현대아파트 등이 있다. 한편 동부이촌동에는 호화 민영 아파트가 들어서기도 했다. 이 아파트 단지들을 중심으로 주택이 대량으로 공급되기 시작했다.

　1976년에는 건물이 완공되기 전에 분양을 하는 선분양제가 도입되었고, 1978년에는 분양가 상한제와 주택청약제도가 본격적으로 시행되었다. 분양가 상한제는 공동주택의 가격을 국토교통부령이 정하는 기준에 따른 분양가격 이하로 정해야 하는 제도이며, 주택청약제도는 일정 요건을 갖춘 사람에게 주택을 분양받을 수 있는 자격을 주는 제도이다.

　이 시기 민간개발사의 참여를 통한 대규모 주택 공급은 주택의 양적 부족을 어느 정도 완화 시켰으나, 장기적으로 보았을 때 주거 빈곤을 악화시키는 결과를 만들었다.


## 저소득층을 대상으로 공급되기 시작한 공공임대주택

　경제의 고도성장으로 사무실과 공장 수요가 급증한 데다 86아시안게임과 88올림픽을 앞둔 1980년대부터 도심 재개발 사업이 본격적으로 추진되었다. 건폐율·용적률·용도규제 완화, 기존시설 신·증축 허용 등을 발표하여 도심재개발을 촉진하고자 했으나 주택수 증가는 미미했다. 오히려 땅값은 오르고 부동산 투기가 성행하기 시작했다. 이에 서울시와 한국토지공사는 택지개발사업을 시작했다.

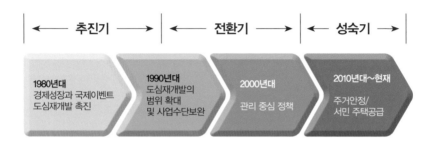

1980년대 중반 민간아파트의 가격이 급격히 상승했다. 당시 무주택 서민층이 크게 늘어나, 1987년 12월 대통령선거에서 집권당 후보가 내세운 '주택 400만 호 건설' 공약은 많은 지지를 받았다. 그때까지만 해도 무주택 저소득층을 위한 주택정책은 거의 없는 상황이었기 때문이다. 이 공약으로 대통령이 당선되었으나 이듬해 국회의원 선거에서 집권당이 패하게 되었는데, 정부는 그 원인으로 주택문제를 꼽고 1989년에 '주택 200만 호 건설계획'을 마련하여 저소득층을 위한 공공임대주택을 공급하게 되었다.

그리하여 1980년대 후반부터는 공공임대주택이 본격적으로 공급되기 시작했다. 정부는 법과 제도를 통해 공공임대주택 건설을 촉진하려 하였으나 실제 임대주택 건설은 부진했다. 1983년에는 합동재개발사업이 도입되었는데, 주택소유자와 민간 건설업체가 협력해 무허가 불량주택구역을 재개발하는 것이었다. 이 시기에 저소득층 집단주거지역의 약 25% 이상이 해체되었고 그 자리에 합동재개발방식으로 아파트가 건설되었다.

1989년에는 건설비의 85%를 국가가 지원하고, 나머지 15%를 입주자가 임대보증금의 형태로 부담하게 한 영구임대주택 사업이 시작되었다. 이 사업은 주택 문제를 '주거복지' 차원에서 인식하기 시작한 사업이었다. 도입 당시에는 소득 및 재산기준에 따라 입주자격을 제한하며 주거복지 정책임을 분명히 했으나, 정작 수요자들이 입주 자체를 꺼리는 경향을 보였다. 그래서 철거세입자·저소득 청약저축가입자·저소득 모자가정·일본군위안부 피해자 등으로 입주대상자의 범위를 차차 넓혀갔고, 나중에는 저소득 국가유공자·북한이탈주민까지 포함되었다.

1997년, 「서울특별시 도시재개발사업조례」가 전면 개정되며 재개발임대주택 건립이 법적으로 근거를 갖추게 되었으며, 서울시는 2003년에 「서울특별시 도시 및 주거환경정비조례」를 제정하며 재개발임대주택 건립의무비율을 높이기도 했다. 즉, 재개발임대주택을 입주희망가구수 이상으로 건립하도록 한 것이었다.

현 오세훈 시장은 '집 걱정 없는 서울 5대 공약'을 통해 취약계층 임대주택 품질 향상을 약속했다. 주거면적을 1.5배 늘리고, 60㎡ 이상 중형 임대주택 비율을 30%까지 확대해 3~4인 가족의 주거안정에 기여하겠다는 구상이다. 또한 최신 트렌드를 반영한 내장재를 활용하고 분양·공공 세대를 완전 혼합 배치하여 차별 요소를 퇴출하겠다는 공약이다.

## IMF직후, 본격적인 공공임대주택의 시대

IMF 직후, 정부는 위기에서 벗어나기 위해 다양한 대책을 내놓았다. 경기활성화를 위해 취득세 및 등록세 면제, 양도소득세 인하, 청약자격 완화 등 주택규제 완화 정책을 썼다. 특히 수도권과 서울에서 분양가 자율화가 순차적으로 이루어져, 1999년부터는 전면적으로 시행되었다.

1998년 김대중 정부는 임기 중 50만 호의 공공임대주택을 건설하겠다고 발표했는데, 여기에는 10만 호의 영구임대주택도 포함되어 있었다. 그러나 4개월 후인 10월에 영구임대주택 건설계획 대신 국민임대주택 5만 호 건설계획을 발표했다. 그럼에도 주택 가격이 상승하며 안정되지 않자 2001년에는 20만 호, 2002년에는 100만 호로 계획을 확대했다.

정부는 2003년 건설계획을 구체화하기 위해 국민임대주택 관련 제도를 개선했다. 그린벨트를 해제하여 사업지구 10개를 확정한 뒤 2007년까지 50만 호 공급, 2012년까지 장기공공임대주택 150만 호를 공급한다는 정책을 발표했다. 또한 「국민임대주택 건설 등에 관한 특별조치법」을 제정하여 국민임대주택 건설에 필요한 택지와 재원을 확보하고 사업추진절차를 간소화했다.

2007년에는 장기전세주택을 공급하기 시작했다. 장기전세주택은 주변 시세의 80% 수준으로 거주기간을 최대 20년까지 보장한다. 이듬해 이명박 정부는 2008년에 2018년까지 150만 호의 분양주택과 임대주택을 공급하겠다는 계획을 발표하였다. 방안 중 하나였던 보금자리 주택 프로그램은 수요가 많은 도시근교에 주택을 대량으로 공급하는 계획이었다. 그리고 민간공급을 활성화하여 분양주택 70만 호, 임대주택 80만 호를 공급하기로 했다.

■ 역대 정부 주택 · 공공임대주택 정책

| 시기 | 정권 | 주택 정책 기조 | 공공임대주택 정책 |
|---|---|---|---|
| 1988년<br>~1993년 | 노태우 | - 주택 공급의 확대<br>- 주택 가격의 안정 및 투기의 억제 | - 영구임대주택 25만 호<br>※ '주택 200만 호 건설계획' |
| 1993년<br>~ 1998년 | 김영삼 | - 규제의 완화<br>- 민간 주도의 주택 건설 활성화 | - 20년 공공임대주택<br>→ 5년 공공임대주택<br>※ 「임대주택법」 |
| 1998년<br>~ 2003년 | 김대중 | - 주택경기의 활성화<br>- 규제의 완화 | - 10년·20년 국민임대주택 20만 호<br>→ 100만 호로 확대 |
| 2003년<br>~ 2008년 | 노무현 | - 부동산 시장의 안정화<br>- 주거복지의 확충 | - 30년 국민임대주택 100만 호<br>※ 「국민임대주택 건설 등에 관한 특별 조치법」 |
| 2008년<br>~ 2013년 | 이명박 | - 자가 소유 촉진과 서민 주거 안정의 병행 | - 영구임대주택, 국민임대주택 등의 혼합<br>※ 「보금자리주택 건설 등에 관한 특별법」 |
| 2013년<br>~ 2017년 | 박근혜 | - 소규모 부지를 이용<br>- 초규제 완화 | - 행복주택 40만 호 사업 추진 |
| 2017년<br>~ 2022년 | 문재인 | - 서민 주거 안정 및 실수요자 보호 | - 공적임대주택 85만 호(청년, 신혼부부, 고령자, 저소득층), 공공분양주택 15만 호 |
| 2022년 ~ | 윤석열 | - 청년·신혼부부와 무주택자를 위한 주택공급 정책 | - 공공임대주택 50만 호<br>- 공공분양주택 50만 호(34만호 청년) |

■ 역대 정부의 공공주택 공급계획 및 재고 현황

| | 공공주택 공급계획 | 공공주택 재고(증가) | | | | | | | 짝퉁 공공주택 | |
|---|---|---|---|---|---|---|---|---|---|---|
| | | 총계 | 진짜 공공주택 | | | | | | | |
| | | | 영구 | 50년 | 국민 | 장기전세 | 소계 | 행복 | 매입임대 | |
| 전두환 ('81~'87) | • 매년 장기임대주택 2만호씩(20년 짜리) 건설('84) | | | | | | | | | |
| 노태우 ('88~'92) | • 5년간 50만호 건설('87 선거공약) <br> • 60만호(영구임대 25만, 장기 임대 35만) 건설('89) | 19.2 | 19.2 | | | | 19.2 | | | |
| 김영삼 ('93~'97) | • 30만호 이상 공급('92 신경제 5개년계획) | 6.6 | 0.05 | 6.5 | | | 6.55 | | | |
| 김대중 ('98~'02) | • 매년 임대주택 10만호 건설('99) <br> • 국민임대주택 50만호 포함 장기임대주택 100만호 건설('02) | 4.4 | – | 2.3 | 2.1 | | 4.4 | | | |
| 노무현 ('03~'07) | • 10년동안 장기임대주택 150만호 건설('03) <br> • 공공임대주택 10년간 260만호 공급('07) | 16.5 | – | 1.2 | 13.5 | | 14.7 | | 1.8 | |
| 이명박 ('08~'12) | • 150만호(장기전세 및 임대 80만호) 공급 | 33.6 | 0.06 | 0.2 | 27.6 | 2 | 29.9 | | 3.7 | |
| 박근혜 ('13~'15) | • 행복주택 20만호 공급 | 13.9 | 0.6 | 0.6 | 7.7 | 1.2 | 10.1 | 0.2 | 4.1 | |
| 문재인 ('16~'19) | • 장기임대 5년간 65만호 공급(연간 13만호) | 16.3 | 1 | 0.4 | 3.3 | 0.1 | 4.8 | 6.1 | 5 | |
| 총 계 | | 94.2 | 20.9 | 11.2 | 54.2 | 3.3 | 89.6 | 6.3 | 14.6 | |

*행복주택 및 단기임대, 전세금 지원 임대 등은 장기공공주택에 미포함
*정권별 공공주택 재고량은 입주기준이며 사업승인 기준이 아님
[출처 : 경실련 2021. 02. 25(국토교통부 임대주택 업무편람, 국토교통부 통계누리 사이트)]

■ 정권별 서울 · 수도권 3.3㎡당 아파트 값 변화 (단위: 만원)

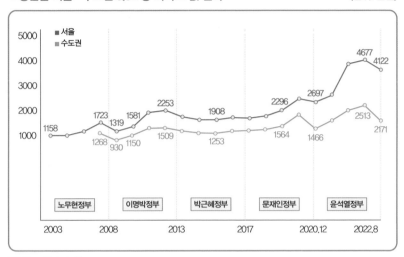

[출처 : 매일경제]

## 우상향하는 대한민국 부동산

현재 대한민국 부동산이 너무 버블이라고 하는 사람들이 많다. 그러나 생각해 보면, 부동산만 버블인가? 비관론자들은 주택 가격이 대폭락할 것이라고 겁을 준다. 물론 주택 가격이 실제로 떨어질지도 모른다. 하지만 한 없이 떨어질까?

대한민국 부동산 시장은 늘 우클릭이었다. IMF, 글로벌 금융위기, 강남 보금자리 주택 때만 예외였고, 항상 유지되거나 올라왔다.

기억하라. 대폭락할 때야말로 집을 사야 할 찬스다. 10년 주기로 큰 변화를 맞이한 대한민국 부동산 데이터가 답을 제시하고 있다. 첫째 미국 금리 상승이 멈추고 세계 경제가 안정되는 신호를 기다려야 한다. 둘째 주택 거래량이 증가하며 자금이 주택시장으로 몰릴 때가 타이밍이다. 마지막으로 매도호가가 실거래가격보다 높으며, 시세가 바닥을 치고 올라오는 신호 등 세 가지 현상이 6개월 이상 지속될 때가 내 집 마련의 기회다. IMF 때도, 글로벌 금융위기 때도 그랬다. 그때 집을 샀으면 지금 가격이 몇 배가 뛰었겠는가?

(한림건축그룹, 한가회 포럼: 부동산시장 전망과 대응전략, 진희선 교수 특강 중에서, 2023.05.02.)

# 05

# 디벨로퍼의 등장,
# 주거환경의 다양화!

## IMF와 디벨로퍼

공공임대주택의 시대가 열린 1980년대 후반 이후, 정권이 바뀔 때마다 새로운 유형의 공공임대주택이 도입되었다. 그에 따라 공급도 증가와 감소를 반복하였고, 재정지원의 수준도 달라졌다.

1997년 IMF 직후 시행된 규제완화 정책에 따라 1990년대 후반부터 본격적으로 서울을 포함한 수도권의 분양가 자율화가 이루어졌다. 이 시기에 대한민국에는 디벨로퍼들이 대거 등장하게 되는데, 사실 디벨로퍼는 1970년대부터 활동하고 있었다. 그러나 1990년대 중반까지는 건설업의 일종으로 취급되었고, 그동안은 디벨로퍼의 성격을 가진 건설업체들이 주목을 받았을 뿐이었다.

초기 디벨로퍼들은 다양한 유형의 개발을 진행했는데 1988년 서울 서초동 센츄리오피스텔을 분양한 거평, 대치동 샹젤리제빌딩으로 오피스텔 붐을 일으킨 나산종합건설, 강변과 신도림의 테크노마트를 개발한 프라임개발, 서초동 국제전자센터를 만든 신원종합개발 등이 그 선두주자였다.

■ 디벨로퍼를 특집으로 다룬 1995년 신문 기사

[출처 : 네이버 뉴스 라이브러리, 〈매일경제〉, 1995.05.26.]

이렇게 디벨로퍼의 신화를 만든 이들은 현재는 대부분 사라졌는데, 무리한 사업 확장에 따른 후폭풍, 외환위기 이후의 부동산 침체 등 때문이었다. 그러나 아이러니하게도 본격적으로 디벨로퍼가 한국 사회에 주목을 받은 것은 외환위기 이후다. 외환위기 이후에 대거 등장한 디벨로퍼들은 부동산 개발과 기획 컨설팅을 병행하며 몸집을 불려나갔다. 2001년부터 호황기를 맞은 부동산 시장의 영향도 있었다. 이들은 민간택지가 아닌 공공택지로 눈을 돌려 아파트와 주상복합 아파트 개발사업에 나섰다.

그러나 2008년 금융위기 이후 부동산 경기가 침체되었고, 자연히 디벨로퍼 업계도 같이 침체의 길을 걷게 되었다. 소규모 자본을 가졌거나 규모가 크지 않은 중소 디벨로퍼 업체들은 문을 닫아야만 했다. 살아남은 것은 자본력이 있었던 대형 건설사들이었다. 그래서 대한민국 부동산 시장은 이 시점부터 대형 건설사 위주로 변화되었고, 살아남은 중소 디벨로퍼가 대형 디벨로퍼로 성장하는 계기가 되었다.

| 1970년대 | 디벨로퍼 개념 도입 |
|---|---|
| 1980~90년대 | 다양한 개발을 진행하는 업체 등장 |
| 1997년 외환위기 전후 | 디벨로퍼 업계 타격 |
| 1990년대 말~2008년 | 디벨로퍼 호황기 |
| 2008년 금융위기 | 중소규모 업체들의 도산과 몰락 |
| 2022년 코로나19 우크라이나 전쟁 세계 거시경제 악화 | 분양시장의 악화로 인한 디벨로퍼와 건설사의 위기 |
| 2023년 이후 | 민간주택시장 침체, 시행사/시공사 부도 증가 우려, 기업 보유 부동산 개발, 해외건설 사업 확대(플랜트/인프라/환경) |

## 다양한 형태의 주택 개발

한편 1987년부터 시작된 제6차 경제개발 5개년 계획에서 주택정책은 총 공급량을 확대하고 주거환경을 개선하는 데 집중하여 진행했다. 상계지구 아파트 사업은 도봉구 상계동, 창동, 월계동에 약 100만 평 규모의 신시가지를 조성한다는 것이었는데, 기존의 아파트와 달리 혼합형으로 개발되었다. 한 단지에 중층, 고층, 초고층 등 여러 형태의 주동이, 한 동에 9평에서 25평까지 12가지의 다양한 평형이 섞여 배치되어 있었다. 또한 국내 최초로 벽의 배치를 바꿀 수 있는 융통형 주거를 도입하기도 했다. 한편 상계 신시가지에는 국내 최초 25층 초고층 주동, 지하와 1~2층은 상가, 3층부터는 아파트로 구성된 주상복합 건물이 등장했다.

단지 내에서는 일상생활 동선을 위주로 보행자 도로, 편의시설, 공원, 놀이터 등을 조성하여 각 생활권을 연결했다. 또한 자전거 전용도로, 공연장, 조깅코스, 휴식공간도 마련하여 단지 전체를 생활공간으로 계획하여, 집 내외부의 이용도를 높였다.

한편 상류층의 경우 아파트 시장에는 뒤늦게 진입했다. 그들은 주로 고급 단독주택에 거주했기 때문이다. 그러나 1990년대 초, 개발자들이 상류층을 타겟으로 차별화하여 마케팅하자 초고층 주상복합아파트에 발을 들였다.

이러한 개발사업은 주택 부족과 주거환경 개선을 해결했다는 평가를 받으나 중산층 이상을 위한 것이었기에 무주택자나 저소득층은 오히려 이 개발 사업 때문에 삶의 터전을 잃어야 했다. 아파트가 들어서기 위해서는 그 땅에 살던 저소득층, 혹은 세를 들어 살고 있던 사람들은 모두 다른 지역으로 옮겨가야 했기 때문이다.

**공급자 위주에서 수요자 위주로 변화하는 주택 상품**

1990년대에 들어서며 공급자 위주 주택 개발에 비판적인 목소리가 나오기 시작했다. 이 목소리는 미분양 아파트가 생겨나며 더욱 커지기 시작했다. 업체들은 공급자가 아닌 수요자 위주의 상품을 개발할 필요성을 절감했다. 이제 실제로 집을 분양받고 매매할 수요자들이 어떤 생활을 하는지, 어떤 주택을 원하는지를 건설과 설계에 반영해야만 했다.

1990년대 중반부터는 소비자 각각의 선호를 반영하는 주문 주택, 주문형 아파트가 등장했다. 이후 고급형 주상복합 아파트에서는 설계나 내장재를 변경할 수 있는 옵션이 생겼다. 이런 수요자 중심의 상품 개발은 전체적인 주택의 질 향상으로 이어졌다. 그러나 여기에 건설업체들이 브랜드를 도입하면서 소위 '브랜드 파워'라는 것이 생겼고 이는 수요자들의 허세나 과소비를 부추기기도 했다.

1998년에는 분양가 자율화로 인해, 부동산 시장이 민간 주도로 나아가게 되었다. 게다가 1990년대 후반 IMF로 경제가 침체되며 미분양을 줄이는 것이 관건이 되었기에, 건설업체들은 더 세밀하게 수요자들의 요구를 부응하고자 했다. 주택의 평면을 다양화하거나 첨단 내장재, 마감재, 화려한 설비로 현혹했다. 이러한 면모를 보이는 신규 분양 아파트들로 인해 기존 아파트에 거주하던 사람들도 인테리어 욕구를 가지게 되어 문제가 없어도 단순 인테리어 목적으로 리모델링을 하는 경우가 많아졌다.

### 점점 고급화되는 수요자들의 요구

빌트인 가구의 중심은 주방 설비였다. 아파트 선택에 있어 주부들의 요구가 반영됨에 따른 것이었다. 싱크대뿐 아니라 냉장고, 식기세척기 등이 내장된 주방 시스템이 인기였다. 이밖에 방문인 확인 시스템, 방화/방재 시스템, 원격 조절 조명 시스템 등이 일반화되기 시작했다. 우리 사회가 정보화 사회로 흘러가며 나타난 변화였다.

또한 사람들은 아파트의 가치를 따질 때 입지나 내부 구조 등 뿐만 아니라 외관 역시 중요시하기 시작했다. 발코니 디자인, 야간 조명, 석재 사용 등으로 아파트의 외관 역시 다양해졌다. 주차장이 지하로 내려가 지상층에 녹지공간을 확보하게 되자, 이제 업체들은 조경으로 경쟁하기 시작했다. 놀이터, 노인정, 광장, 산책로 등이 도입되었고 화단, 분수대와 같은 요소들도 늘어났다.

1990년대 중반부터는 첨단설비에 의한 편리성이 아닌 건강한 삶에 대한 고민들이 등장했고, 주거 환경에 있어서도 그런 요구가 늘었다. '친환경 아파트'의 시작이었다. 건물 형태와 조경은 물론, 토지 이용과 배치 실내 인테리어에 있어서도 친환경이라는 키워드를 강조하기 시작했다. 처음에 트렌드로 떠올랐던 친환경 이슈는 2000년대를 전후로 아예 제도화되었다.

## 2022~2023 공간 트렌드 – 코로나로 재조명된 발코니 활성화 방안

매년 주거공간의 트렌드를 발표하는 부동산 개발회사 피데스개발은 기존의 패러다임을 초월하는 공간 수요가 두드러지며 이에 맞는 공간 개발과 공간서비스 창출이 요구된다고 전망한다. 2022~2023 공간 7대 트렌드를 발표하며 코로나19 장기화로 인해 주거공간의 규모가 커지는 '*벌크업 사이징'이 확대되고, 이로 인해 기존보다 층고를 높인 개방감 있는 공간이 인기를 끌 것으로 전망하고 있다.

개인적으로 코로나로 인한 공간은 생활 양식의 변화 그리고 주거 공간에서의 체류 시간이 길어지자 외부 발코니의 도입과 활성화를 위해 건축법 시행령 개정(바닥면적 산정 기준 완화)이 필요하다는 의견이다. 실내 공기의 순환 및 정화를 위한 기계설치 등 건축법으로 분류되는 주택, 비주택, 준주택 등에 대한 발코니 설치 필요성이 발생된 것이다.

■ 2022~2023 공간 7대 트렌드 by FIDES

| | | |
|---|---|---|
| ① 페르소나 원픽 | ·········· | 나의 자아를 담은 딱하나 내 것. 내공간이 늘어난다 |
| ② 멀티 어드레스 | ·········· | 워케이션 일상화로 택배수령지가 내 주소가 된다 |
| ③ 구심驛의 법칙 | ·········· | 역세권으로 몰린다. 지하철을 타지 않는 사람들까지 |
| ④ 세대빅뱅 현상 | ·········· | M과 Z가 분화되고 XZ세대연결 현상이 긴밀해진다 |
| ⑤ 벌크업 사이징 | ·········· | 다운사이징과 미니멀리즘 흐름 속에 넓은 공간 선호 |
| ⑥ 룸앤룸 룸인룸 | ·········· | 방이 용도별로 나눠지고 새로운 방이 더 생겨난다 |
| ⑦ 현가실상 작용 | ·········· | 현실이 가상이 되고, 다시 가상이 현실에 반영된다 |

[출처 : 피데스 개발]

*벌크업 사이징 : 더 크고 넓은 공간을 선호하는 현상. 높은 층고로 개방감이 높은 공간이 인기를 끌거나 도심 외곽에 넓은 창고가 대형 커피숍, 베이커리 등으로 탈바꿈 하는 현상.

■ 2009〜2023 공간 7대 Trend by FIDES

**2009** (2008.12)
- 숨겨진 1㎡를 찾아라
- L.C.C를 줄여라
- 줄여가는 수요
- 도심 초소형 주거
- 주부 중심 공간 지속
- 나만의 맞춤형 공간
- 멀티해비테이션 개막

**2010** (2009.12)
- 케어센터;Care Center
- Man In Housing
- Green 2.0 시대
- Multi-Habitation확산
- 소비자 Order-Made
- Slimmer & Smaller
- 새로운 공동체 주거

**2011** (2010.12)
- 易地4G (역지사지)
- 强小住宅 (강소주택)
- 生産搖籃 (생산요람)
- 嶺域本能 (영역본능)
- 好想地氣 (호연지기)
- 生活韓屋 (생활한옥)
- 共購空間 (공구공간)

**2012** (2011.12)
- Time Share House
- 新 캥거루 Home
- 다국적 샐러드볼 Town
- 매뉴팩쳐드 House
- 버틀러 서비스 Home
- Up or Down Sizing
- Safe-in-House

**2013** (2012.12)
- 핵가족 주거 빅뱅
- Co & Co;공유주택
- 포린후드;외국인 이웃
- 홈 매니저 서비스
- City올레;골목길 부활
- 공간 하이-모델링
- 모바일 홈

**2014〜2015** (2013.12)
- 맞춤형 주거재생 2.5
- 팽이갈매기족 유행
- 주거공간 D·A·S 붐
- 클라우드 하우징
- 남편용 주거사용설명서
- 집 스펙(SPEC) 쌓기
- 습기와의 전쟁

**2016〜2017** (2015.12)
- BBEB 세대연결현상
- 주거공간 핏-사이징
- 월세주택시장 본격화
- 非 아파트의 진격
- 외국인 食口 시대
- 스테이케이션 공간
- IoT 하우징

**2018〜2019** (2017.12)
- 옵션 B 대안 전성시대
- 턴투알 도심 퍼즐 교체
- 홀로家 나만의 행복공간
- 플랫홈 집이 플랫폼
- 올인빌 집 근처에서 모두
- 퀀투퀄 질적소비로 대전환
- 그린존 안전지대 시즌II

**2020〜2021** (2019.12)
- 수퍼 & 하이퍼
- 위 두 (WE DO)
- 올인룸 (All in Room)
- 낮낮 공간
- 팝업 DK (다이닝키친)
- EB 주연 시대
- 펫·봇·인 스테이

**2022〜2023** (2021.12)
- 페르소나 원픽
- 멀티 어드레스
- 구심驛의 법칙
- 세대빅뱅 현상
- 벌크업 사이징
- 룸앤룸·룸인룸
- 현가실상 작용

[출처 : 피데스 개발]

# PART 2

# 대한민국 부동산 정책과 개발의 역사

나는 대한민국의 인구가 증가하고 부동산 개발이 시작되던 때 태어나, 현재 변화된 서울의 모습까지 모두 보고 성장했으며, 디벨로퍼가 된 이후 최근까지 그 개발과 성장의 최전선에 서 있어 왔다. 건축사에서 디벨로퍼로 전환하는 과정에서 지난 부동산 정책과 개발의 역사를 모르고는 미래를 계획할 수 없다. 이 파트에서는 대한민국 부동산 정책과 그에 따른 개발, 부동산 시장에 대해서 찬찬히 짚어보려고 한다.

# 01

## 박정희 정부(1960~70년대) : 경제성장에 초점을 둔 토지개발

### 영동 신시가지 개발 – 남서울개발계획

1961년 5월 16일, 군사정변으로 장면 내각이 붕괴되고 박정희 군사정권이 출범했다. 제1차, 제2차 경제개발5개년계획을 통해 굶주림에서 벗어난 후 경제성장 기반을 구축한 정부는 서울을 중심으로 수출지향형·노동집약형 경공업 육성 정책을 펼쳤다. 그리고 이러한 정책은 서울로 인구를 유입시키는 원인이 되었다.

문제는 인구가 인프라가 갖춰진 강북으로 몰렸다는 점이다. 강북과 강남의 인구 차는 심각할 정도였고 강북은 인구과잉상태에 다다랐다. 이에 강북인구를 분산시키기 위한 정책이 절실해졌다. 더불어 당시 국정의 기

조는 '조국 근대화'였고 핵심과제는 바로 서울의 현대화였다. 또한 정부도 1976년까지 주택보급률을 79% 이상 향상하는 것을 목표로 도시개발, 주택의 집단화 고층화를 추진하였는데, 이러한 기조에 강남 지역의 집단 개발도 탄력을 받았다.

그리하여 남서울개발계획이 발표되었다. 당시 돈으로 167억 원을 투입하여 72년까지 인구 60만 명이 거주할 신시가지를 조성하고자 했다. 현재 강남대로의 한 필지가 평당 3억 원 이상이니 현재의 50평이 조금 넘는 정도의 비용으로 영동 신시가지가 탄생한 것이다. 이때 현재 강남 모습의 윤곽이 그려졌다고 해도 과언이 아니다.

■ 영동 신시가지 개발

[출처 : 서울역사아카이브(https://museum.seoul.go.kr/archive/NR_index.do)]

현재는 강남이라 부르는, 당시 영동지구 신시가지 조성에 필요한 인프라 구축은 1960년대 후반부터 1970년대에 걸쳐 추진되었다. 그전까지만 해도 영동지구 일대는 논밭으로 이루어진 미개발지였으며 나룻배로 건너가야 하는 곳이었다. 그러나 1968년 제3한강대교 완공, 1970년 경부고속도로 개통, 남산1호터널 준공, 1973년 영동대교 개통 등에 따라서 1970년대 이후에는 한강 이남과 이북을 잇는 간선교통망이 구축되었다. 또한 이 시기에 1960년대 말에서 1970년대 상반기에 걸쳐 홍수방지를 목적으로 한강변 공유수면매립사업을 추진하였는데, 이를 통해 새로 조성된 대규모 택지를 주도적으로 활용할 수 있었다.

■1976년 8월 15일자로 고시된 강남 지역의 아파트 지구

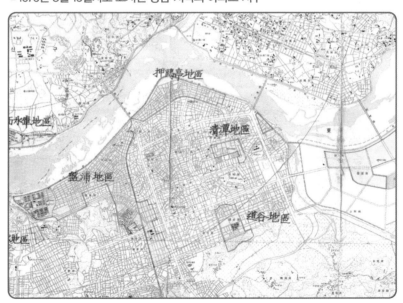

[출처 : 『서울의 도시공간 정책 50년 : 어제와 오늘』]

■ 1970년대 반포주공1단지 전경

[출처 : 서울역사아카이브(https://museum.seoul.go.kr/archive/NR_index.do)]

이밖에도 정부는 대규모·중고층 아파트를 건설하기 위해 택지 확보를 적극적으로 지원했다. 1976년에는 잠실, 반포, 여의도, 압구정, 청담, 화곡, 원효, 구의, 도곡, 이수, 이촌, 서빙고 등 12개 지구를 아파트 지구로 고시함으로써 363만 평이 아파트 지구로 지정되었다. 이는 서울 주거지역 면적의 4.4%에 달한다.

정부는 마포아파트 이후 한강아파트 단지, 반포아파트, 잠실아파트 단지 등 중산층을 겨냥한 아파트를 비롯한 대단지를 건설하는 데 집중했다. 또한 1972년 정부가 민간 주택개발사업에 대한 공공자금 지원을 제도화하면서 민간 기업들이 아파트 건설에 뛰어들기 시작했다. 삼익주택, 한양주택, 현대아파트 등이 대표적이다.

### 강남8학군은 어떻게 현재의 강남을 만들 수 있었을까?

강남개발촉진을 위한 정책과 더불어 강북개발억제정책도 진행되고 있었는데, 강북의 신규건축과 아파트 신축을 금지하고, 학교 시설과 확장을 불허하는 등의 제도가 실시되었다. 이런 노력에도 불구하고 1970년대 중반까지는 강남의 주택 건설이나 강남으로의 이주는 부진했던 것이 현실이었다.

그런데도 이후로 영동지구가 오늘날의 강남으로 성장할 수 있었던 이유는 1970년대 후반 대규모 중상류계층을 위한 대단위 아파트단지 건설, 지하철 2·3호선 개통, 천호대교, 행주대교, 잠수교, 성수대교, 성산대교, 원효대교, 동작대교 등 많은 한강교량 착공 등 교통 인프라 강화, 88서울올림픽 준비 과정에서의 특수효과 등의 요소들이 있다. 특히 1975년에는 '강남과 강북 지역의 인구수를 5:5로 맞추라'는 박정희 대통령의 지시로 인구유발시설, 교통유발시설을 강남으로 이전하는 정책이 적극적으로 추진되었다. 대표적으로 강북 도심내 위치해 있었던 명문 중고등학교와 유명 사설학원의 이전이 있다. 1976년 경기고등학교를 시작으로 휘문고, 정신여고, 수도공고, 숙명여고, 서울고 등이 강남으로 옮겨갔다.

■ 서울 강북에서 강남으로 이전한 '강남 8학군'

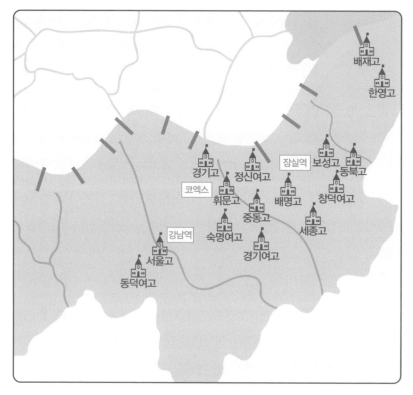

이렇게 옮겨진 학교들을 중심으로 강남 8학군이 조성되었다. 이 학교들은 명문이었고 이사를 하면서 새 건물, 새 시설이 되어 환경이 좋았다. 교육열로 인해 이 학교들 주변에는 학원가가 번성했고, 이것이 이어져 현재의 '대치동 학원가'를 만들었다. 또한 고속버스터미널을 이전했으며 이밖에 한전, 검찰청, 대법원 등도 대규모 법무단지를 조성하여 이전했다. 1990년대 이후에는 1기 신도시도 영향을 미쳤다.

이렇게 1970년대 중후반부터 강남의 인구수는 강북을 빠르게 따라잡기

시작했고, 2000년대 이후부터는 비슷한 수준을 유지하다가 2010년에는
강북을 넘어섰다.

■ 한강 이북의 인구와 한강 이남의 인구 그래프

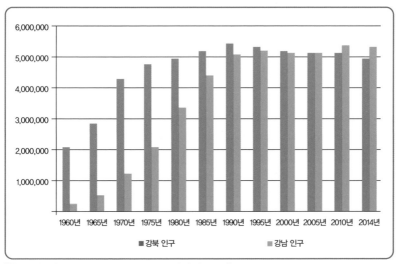

[출처 : 『서울의 도시공간정책 50년 : 어제와 오늘』]

## 투기와 주택가격상승의 진원지가 된 강남

강남 개발과 이주정책으로 인해 강북과 강남 사이 개발 불균형은 개선
되었고 강남의 인구도 늘었다. 그러나 점점 계층간의 소득 격차가 심해졌
고, 이로써 수많은 사회적 불안과 문제들이 야기되었다.

특히 영동지구는 1970년대부터 서울시 부동산 가격의 상승을 주도해왔

다고 해도 과언이 아니다. 남서울계획 발표 당시부터 이미 영동지역에서 투기붐이 일었고, 그 이후 택지가 조성되고 인프라가 구축되면서 토지 가격이 크게 상승했다. 1970년대 중반 이후에는 고급 아파트를 건설하여 공급했는데, 그 분양과정에서 투기 과열이 사회 문제가 되기도 했다. 시간이 흐른 후에는 도곡, 청담, 반포 지구의 재건축 사업에 따라 또다시 영동지구가 부동산 투기의 진원지로 떠올랐다. 재건축 사업이 진행된 이후에도 집값은 떨어질 줄 몰랐다.

이 과정에서 서민계층은 강남 바깥으로 밀려날 수밖에 없었다. 치솟는 집값을 감당할 수 없었던 것이 가장 큰 이유였다. 1970~80년대를 거치면서 강남 일대는 중산층 이상의 상류계층이 거주하는 고가의 특별한 주택지로 바뀌었다.

1970~1980년대면 내가 어렸을 때, 10대 시절이다. 내가 10대 시절, 아버지는 한옥을 짓던 장인에서 양옥을 짓는 기능공이 되셨다. 이렇게 경제가 급격히 성장하면서 한국에 주택 사업이 시작되고 재개발, 빌라, 아파트 사업이 진행되던 시기였으니, 마음이 아프지만 어쩔 수 없는 시대의 흐름이었을 것이다.

02
___

# 전두환 정부(1980~88) :
# 부동산 투기의 등장

## 말죽거리 신화 – 부동산 투기의 시작

1963부터 65년 사이, 한 남자가 역삼동과 도곡동 일대의 토지를 사들이기 시작했다. 그때까지만 해도 강남지역은 농촌지역이었기에 값이 비싸지 않았다. 그리하여 1970년대에 조봉구 부부 명의로 된 땅은 약 37만 평이었다. 당시 조봉구는 강남 땅을 매점하면서 서울 내 현금 소유 1-2위를 다투었다. 훗날 조봉구는 동광기업㈜와 ㈜삼호를 설립하게 된다.

부동산 투기란 '땅을 사두었다가 훗날 그 값이 오르면 매각하는 행위'를 말한다. 우리나라에서 '부동산 투기'라는 말이 주목받은 것은 1960년대 초가 지나서부터였고, 이 현상은 66년 제3한강교가 착공되면서부터 시작되었다.

그전까지 땅을 사들이기만 했던 몇몇 사람들이 이후로는 본격적으로 투기를 시작했다. 현재 양재역의 동남쪽, 과거에는 말죽거리로 불리던 곳이 복덕방 집단의 본거지였다. 수많은 산과 하천을 넘어 서울을 코앞에 둔 사람들, 혹은 서울을 떠나 앞으로 그것들을 넘어 내려가야 하는 사람들이 이곳에서 말에게 죽을 끓여 먹이며 자신도 쉬어갔다는 데서 '말죽거리'라는 지명이 비롯되었다.

당시 말죽거리의 부동산 투기는 여러 사람을 거쳐 이루어졌다. 여러 사람을 거친 땅 값은 수 배까지 뛰어올랐다. '말죽거리에서 땅을 사면 떼돈을 번다'는 말이 돌면서 수많은 사람들이 말죽거리 복덕방에 발걸음했으나, 1960년대 후반에 정부가 대대적인 조치를 취하겠다 발표하며 '말죽거리 신화'는 막을 내린다. 그러나 1960년대 초 200~400원 선이었던 강남 땅값은 이 시기를 지나며 4,000~6,000원 선이 되어 있었다.

그러나 정부의 엄포에 주춤한 것도 잠시, 1970년이 되면서 다시 부동산 투기가 성행하기 시작했다. '부동산 투기'라는 것이 들어온 후부터 약 20년간 서울 땅 값은 엄청난 기세로 올랐다. 1963년 압구정동의 평당 가격은 400원이었는데, 1970년에 10,000원이 되었고 1979년에는 350,000원이었다.

■1963~1979년 강남 지역 지가 (단위 : 원)

| 연도 | 중구 | 용산구 | 강남구 | | |
|---|---|---|---|---|---|
| | 신당동 | 후암동 | 학동 | 압구정동 | 신사동 |
| 1963 | 30,000 | 20,000 | 300 | 400 | 400 |
| 1965 | 40,000 | 30,000 | 2,000 | 2,000 | 2,000 |
| 1967 | 80,000 | 70,000 | 3,000 | 3,000 | 3,000 |
| 1970 | 200,000 | 150,000 | 6,000 | 10,000 | 20,000 |
| 1973 | 150,000 | 120,000 | 15,000 | 15,000 | 30,000 |
| 1975 | 200,000 | 150,000 | 100,000 | 70,000 | 100,000 |
| 1977 | 250,000 | 200,000 | 150,000 | 100,000 | 150,000 |
| 1979 | 500,000 | 500,000 | 400,000 | 350,000 | 400,000 |

[자료 : 〈토지 개발〉 1980년 6월호 참고]

■1980년대 여의도 미성아파트 33평 가격 9,000만 원

◇서울 기존 아파트 가격 (단위 : 만원)

| 지역 | 아파트명 | 평수 | 금액 | 지역 | 아파트명 | 평수 | 금액 |
|---|---|---|---|---|---|---|---|
| 여의도 | 공작 | 30 | 7,500 | 압구정 | 한양 | 35 | 7,500 |
| | 장미 | 45 | 1억2천 | | 〃 | 51 | 1억 |
| | 삼성 | 33 | 9,000 | | 〃 | 59 | 1억3천 |
| | | 30 | 1억5천 | | 미성 | 34 | 8,000 |
| | 서음 | 65 | 2억5천 | | 〃 | 56 | 1억4천 |
| | 범 | 24 | 3,800 | 서초 | 삼호 | 34 | 6,200 |
| 반포 | 주공 | 22 | 4,400 | | 한양 | 35 | 8,200 |
| | 〃 | 32 | 7,000 | | 우성 | 33 | 7,100 |
| | 〃 | 42 | 8,000 | | 무지개 | 33 | 5,700 |
| 신반포 | 한신 | 16 | 3,100 | | 신동아 | 33 | 5,500 |
| | 〃 | 22 | 3,600 | 대도 | 개포주공 | 15 | 1,900 |
| | 〃 | 30 | 5,100 | 치곡 | 〃 | 25 | 4,700 |
| | 〃 | 46 | 9,500 | 개포 | 〃 | 35 | 5,800 |
| | 주공 | 16 | 2,800 | | 은마 | 34 | 5,200 |
| | 경남 | 25 | 5,200 | | 청실 | 35 | 5,800 |
| | 〃 | 24 | 4,300 | | 개나리 | 34 | 5,800 |
| | 〃 | 32 | 5,300 | | 진달래 | 35 | 5,700 |
| | 대림 | 34 | 6,300 | | 쌍용 | 31 | 7,200 |
| | 한양 | 35 | 7,200 | 잠실 | 우성 | 32 | 7,000 |
| 압구정 | 현대 | 35 | 7,600 | | 장미 | 33 | 5,000 |
| | 〃 | 52 | 1억3천 | | 진주 | 33 | 6,000 |
| | 〃 | 65 | 1억9천 | | 공 | 36 | 6,000 |

<부동산 전산정보센터 제공, 좋은 층 가격임>

## 전두환 정부, 주택공급 500만 호의 목표

이 가운데 들어선 전두환 정부는 1981년부터 88년까지 7년이나 집권했다. 집권 초기 2차 오일 쇼크로 인한 세계 경제 악화와 국내외 정치적 불안 속에 마이너스 성장을 기록했다. 1980년에는 소비자물가 상승률이 29%를 기록하여 물가 안정을 위해 노력했다.

또한 제5차 경제개발 5개년 계획(1982~1986)을 시행하면서 본격적으로 개발에 박차를 가했다. 더구나 88년에는 서울올림픽이 개최될 예정이었으므로 그를 위한 준비지원과 더불어 주택 500만호 건설 정책에 집중했다. 특히 저렴한 주택 공급주택 공급을 통해 주택가격을 안정시키려고 했다.

1980년 택지개발촉진법이 제정되었는데, 특정 지역을 택지개발예정지구로 지정하여 정부가 일괄 매수하여 택지 개발하는 방식이었다. 이에 따라 개포, 고덕, 상계, 중계 택지지구가 조성되었다. 주목할 만한 점은 서울시가 목동 신시가지 현상설계 공모를 실시했다는 점인데, 이는 단지 계획의 질을 향상시키고 택지개발 계획의 수립 아이디어를 구하기 위한 것이었으며 서울시를 중심으로 다수의 주체가 참여하여 계획적인 개발을 시도한 최초의 사례였다. 이로써 130만여 평 부지에 23,500호의 주택을 공급하겠다는 계획 아래 목동 신시가지에는 대규모 아파트 단지가 들어서게 되었다.

이렇게 하여 1987년까지 총 176만 가구가 공급되었다. 500만 호라는 당초 목표에는 미치지 못하지만 엄청난 물량이었다.

■ 목동 신시가지 계발 설계안

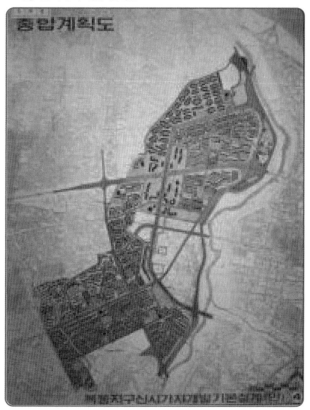

[출처 : 서울역사아카이브(https://museum.seoul.go.kr/archive/NR_index.do)]

### 규제와 완화의 반복, 일관성 없는 정책이 부른 투기 붐

정부는 집권 초기에 부동산 투기 억제를 위한 정책을 시행했으나 주택 경기가 침체되었다. 1981년 쿠테타로 정권은 흉흉해진 민심을 잡고자 5.18 주택경기활성화 대책을 내놓았고, 또한 양도세율 인하를 비롯한 규제 완화 정책들을 펼치기 시작했다.

그러나 이후 부동산 시장이 과열되며 투기가 과열되자 다시 정책의 방향을 바꾼다. 1982년에 금리와 법인세율을 낮추는 6.28조치를 발표하고, 같은 해에 분양가상한제와 전매제한 등의 12.22 주택투기억제대책을 발표했다. 그러나 이듬해인 1983년에는 채권 입찰제, 84년에는 토지거래신고제, 85년에 비업무용토지누진과세와 대형주택 중과세 등 규제 대책을 연달아 발표했다.

이렇듯 정책의 방향이 짧은 시간에 왔다갔다 바뀌면서 부동산 투기에는 불이 붙었다. 게다가 86년 아시안게임, 88년 서울올림픽을 준비하고 개최하면서 경제 수요가 늘어남에 따라 주택수요 역시 증가했는데, 이를 대비하지 못하여 주택 가격은 더욱 상승했다.

---

1980~81년 주택 경기 활성화 대책, 택지개발 촉진법 도입
1982~85년 분양가상한제/전매제한/토지거래 신고제/채권입찰제, 규제
1986년 1가구 2주택 양도세 면제기간 연장/주택건설 활성화 대책, 완화

---

결국, 전두환 정부 7년 동안의 부동산 정책은 주택 공급의 불균형 때문에 정부 주도형으로 주택가격 상승과 하락을 임의로 조정할 수 없었다는 결론에 도달하게 되었다. 대한민국 부동산의 역사적인 관점에서 과거 노무현·문재인 정부 시절에 정부 주도형의 강제적인 부동산 규제 정책에서

도 그 사례를 찾아볼 수 있다.

　개인적으로 이때부터 부동산 공화국이라는 다소 불편한 진실이 탄생되었다고 본다.

　강남개발이 그 출발점이었다. 강남개발은 한강 연안 공유수면 매립사업과 함께 강남지역을 아파트 밀집 지역으로 만들면서 지가 폭등을 불러왔다. 이때부터 시작된 부동산 투기는 그 후에도 약 10년을 주기로 계속 일어났고, 부동산으로 부를 축적하는 대한민국이 되었다. 그 중심에는 아파트 소유가 성공 그 자체를 상징하며 아파트 불패 신화로 이어졌다.

## 03

# 노태우 정부(1988~93) :
# 1기 신도시와 토지공개념

### 주택 200만 호의 목표, 1기 신도시 추진

1988년, 드디어 서울의 인구가 1천만 명을 돌파했고, 서울인구 천만 시대가 열렸다. 1986년에 2,643달러였던 1인당 GNP는 2년 만인 1989년에 5,418달러가 되었다. 2배가 넘는 성장이었다. 게다가 1985년 '저달러, 저유가, 저금리'라는 3저 호황으로 인해 경기는 활성화되었다.

주택가격 상승은 당연한 수순이었다. 특히 1980년대는 베이비붐 세대들이 서울로 올라오는 시기였던 데다 86아시안게임과 88올림픽까지 개최되면서 1989년에 서울의 주택가격은 폭등하기에 이른다. 이는 서울만의 문제가 아니었고, 1989년 한 해 동안 전국의 땅 값은 32% 상승했다. 압구정동 현대아파트는 평당 1,000만 원을 돌파했다.

■ 1기 신도시 현황

| | 전체 | 성남 분당 | 고양 일산 | 안양 평촌 | 군포 산본 | 부천 중동 |
|---|---|---|---|---|---|---|
| 사업 면적<br>(천㎡)<br>(평) | 50,140<br>15,193,939 | 19,639<br>5,951,212 | 15,736<br>4,768,485 | 5,106<br>1,547,272 | 4,203<br>1,273,636 | 5,456<br>1,653,333 |
| 수용 인구<br>(명) | 1,165,144 | 390,320 | 276,000 | 165,188 | 167,896 | 165,740 |
| 인구 밀도<br>(인/ha)<br>(총인구/총면적) | 1,406 | 199 | 175 | 329 | 399 | 304 |
| 주택 건설<br>(천호)<br>(공동주택) | 292<br>(281) | 97.6<br>(94.6) | 69<br>(63.1) | 42<br>(41.4) | 42<br>(41.4) | 41.4<br>(40.5) |
| 사업 기간 | | 1989.8 ~<br>1996.12 | 1990.3 ~<br>1995.12 | 1989.8 ~<br>1995.12 | 1989.8 ~<br>1995.12 | 1990.2 ~<br>1996.1 |
| 총사업비<br>(천억 원) | 104.7 | 41.6 | 26.6 | 11.8 | 6.3 | 18.4 |
| 사업진행자 | | 토지<br>공사 | 토지<br>공사 | 토지<br>공사 | 주택<br>공사 | 부천시<br>주택 공사<br>토지 공사 |

[자료 : 국토교통부 정책마당]

이러한 시장상황에서, 노태우 정부는 주택 200만 호 건설의 일환으로 1기 신도시 계획을 발표했다. 200만 호 중에 서울 40만 호를 포함한 수도권 90만 호, 그리고 지방에 110만호를 짓는다는 계획이었다. 안양 평촌,

군포 산본, 부천 중동, 성남 분당, 고양 일산이 1기 신도시의 입지였다. 5대 신도시에 인구 100만 명을 수용하겠다는 제1기신도시건설 계획은 이미 포화상태인 서울에 개발할 곳이 없는 상황에서 주택 부족을 해결하고 서울의 수요를 분산시켜 주택 값을 안정시키겠다는 목표를 가지고 진행되었다. 신도시 건설은 당시 급격한 경제성장과 더불어 자동차 보급률이 높아졌기 때문에 가능한 것이었다.

분당과 일산 일대의 1천만 평의 택지에 1992년까지 18만 가구가 입주할 수 있는 아파트를 건설하겠다고 발표하였으나. 1999년 분당 신도시 첫 입주에만 총 29만여 호가 완공되었다. 1987년부터 1990년까지 5개 신도시에는 총 176만 호가 건절되었는데, 이중 민간과 공공이 각각 95만 호, 81만 호를 공급했다. 1기 신도시에 입주가 이루어지면서 서울의 인구는 한국 전쟁 이후 처음으로 대폭 감소했으며, 1기 신도시로의 인구 유출은 1990년대 말까지 계속되었다.

주택 200만 호는 당시 우리나라 전체 주택 수의 14%에 달하는 양이었다. 획기적인 물량이었으나 결국 목표를 달성했다. 1기 신도시 이외에 인천 연수, 대전 둔산, 부산 해운대 지방거점 신도시와 전국 각지 택지지구 사업을 통한 수치였다. 이 시기에 주택 보급률은 급상승하여 70%를 넘어섰으며, 1기 신도시 사업이 끝날 무렵에는 주택보급률이 그 전과 비교하면 약 10% 올라 있었다.

[출처 : 네이버 라이브러리, 〈매일경제〉, 1990.6.28.]

## 부동산 3법, 토지공개념의 실현

그러나 주택 200만 호 계획과 추진, 신도시 사업은 다양한 부작용을 낳기도 했다. 철근, 레미콘 등의 건설자재 파동, 건설 경기 과열, 부실 공사, 부동산 투기 등이었다. 그 당시 건설자재 파동으로 중국산 시멘트와 철근이 유입되어 건설자재 품질에 대한 문제가 대두되기도 했다. 나도 당시에 건설회사 근무로 아파트 현장에서 중국산 시멘트를 사용했는데 양생 기간이 국내 시멘트에 비해 훨씬 더 길다는 것을 경험했다. 또한 땅 값이 지나치게 올라 개발이익이 개인의 이득으로 돌아가고, 그것이 소득불균형을 심화하고 있었다. 1989년에는 주택임대차보호법개정으로 전세계약기간을 기존 1년에서 2년으로 늘렸는데, 이때 역효과로 전세값이 폭등하는 결과를 낳기도 했다.

문재인 정부 시절에도 전세가격이 5년 동안 전국 41%, 서울은 48% 급등했다. 그 주된 원인이 2020년 더불어민주당의 단독으로 강행 처리한 임대차3법이다. 세입자를 위한 법이었으나 불안한 부동산 시장에 바로 실행되어 전세 매물 부족과 전셋값 폭등이라는 결과를 가져왔다.

노태우 정부는 부동산 투기를 몰아내기 위하여 1989년, 부동산 3법을 제정했다. 부동산 3법이란 '택지소유 상한에 관한 법률', '토지초과이득세', '개발이익환수에 관한 법률'이다.

〈참고〉 부동산 3법

택지소유상한에관한법률 : 택지를 소유할 수 있는 면적의 한계를 정한 것.
토지초과이득세 : 땅을 소유함으로써 얻은 이익에 대해 중과세하는 것.
개발이익환수에 관한 법률 : 토지에서 발생하는 개발이익을 환수하여 이를 적정하게 배분하는 것.

이는 개발 붐이 일어나던 박정희 정부 때에 제기되었던 '토지공개념'에 입각한 것이었는데, 토지공개념이란 공익을 위해 토지의 소유와 처분을 제한할 수 있다는 것으로, 토지의 사유는 인정하되 이용은 공공의 이익에 적합하도록 하자는 것이었다. 1977년 신형식 건설부 장관은 "우리나라처럼 땅덩어리가 좁은 나라에서는 토지의 절대적 사유화란 존재하기 어렵다"며 토지공개념을 언급했었다.

그러나 부동산 3법은 결국 모두 폐지된다. 택지소유상한에 관한 법률은 1989년 위헌 결정, 토지초과이득세는 1994년 헌법불합치 판정을 받아 1998년 폐지되었으며, 개발이익환수법은 외환위기 때 기업에 부담을 준다는 이유로 폐지되었다. (※ 이 책의 133쪽, 박근혜 정부 부동산3법 비교 내용 참고)

〈참고〉 부동산 3법 중, 2개 법 관련 헌재 판결문

헌재는 택지소유상한에 관한 법률에 대하여, "토지의 자의적인 사용이나 처분은 국토의 효율적이고 균형 있는 발전을 저해하고 특히 도시와 농촌의 택지와 경지, 녹지 등의 합리적인 배치나 개발을 어렵게 하기 때문에 올바른 법과 조화 있는 공동체질서를 추구하는 사회는 토지에 대해 다른 재산권의 경우보다 더욱 강하게 사회공동체 전체의 이익을 관철할 것을 요구하는 것이다"라고 결정했다. (헌재 1989.12.22. 88헌가13)

헌재는 토지초과이득세법에 대하여 "과세대상인 자본이득의 범위를 실현된 소득에 국한할 것인가 혹은 미실현 이득을 포함시킬 것인가의 여부는 과세목적, 과세소득의 특성, 과세기술상의 문제 등을 고려해 판단할 입법전책의 문제일 뿐, 헌법상의 조세 개념에 저촉되거나 그와 양립할 수 없는 모순이 있는 것으로는 볼 수 없다"고 봤다. (헌재 1994.7. 29. 92헌바49)

또한 1990년에는 등기된 권리관계와 실제 권리관계를 일치시키려는 목적으로 부동산등기특별조치법을 제정했는데, 실질적인 효과는 없었다. 법에서는 투기목적의 명의신탁을 금지했는데, 실제로는 명의식탁의 목적을 밝히기 어려웠기 때문에 처벌을 하기 어려웠다.

04
—

# 김영삼 정부(1993~98) :
# IMF, 그리고 부동산/금융실명제

**압축고도 성장의 그림자, 사고 공화국!**

김영삼 정부 시절에는 건설업 관련 어두운 사건이 연달아 터졌다. 그때까지 속도전에 치중되어 있었던 건설 관행 때문에 쉬쉬 했던 부실공사와 관리 부실의 부작용이 이때부터 터지기 시작한 것이다. 1994년 10월 성수대교가 붕괴하여 17명이 다치고 32명의 사망했으며, 1995년 4월 대구지하철 공사장 가스 폭발사고로 202명의 부상자와 101명의 사망자를 냈다. 폭발과 동시에 50m에 달하는 불기둥이 솟아올랐고 400m에 달하는 건설현장이 단번에 무너져 내렸다고 한다. 이때 차량 150대 이상, 건물 80여 채가 파손되는 엄청난 물적 피해가 일어나기도 했다. 같은 해 6월에는 서초구의 삼풍백화점이 붕괴했는데 사상자 1,500명을 발생시킨 참사였다. 세계 건물 붕괴 관련 참사 중 사망자 수로 11위라고 한다. 나 역시 이 사건들이 발생했던 때를 기억한다. 그만큼 충격적이고 비극적인 사고·사건들이었다.

[출처 : 네이버 뉴스 라이브러리, 〈매일경제〉, 1994.10.21.]
[출처 : 네이버 뉴스 라이브러리, 〈경향신문〉, 1995.04.29.]
[출처 : 네이버 뉴스 라이브러리, 〈동아일보〉, 1995.06.30.]

〈참고〉 건설기술관리법(1987.10.24.)

건설기술관리법은 건설기술의 국제경쟁력을 강화하고 건설공사의 적정한 시공관리와 품질향상을 위해 제정됐다. 건설기술관리법에 의해 '시공감리'는 국가, 지방자치단체 또는 정부투자기관이 발주하는 일정한 건설공사에 대하여 공사계약당사자가 아닌 일정한 자격이 있는 제3자가 당해 공사의 설계도서 기타 관계서류의 내용대로 시공되는지 여부를 확인하고 품질관리·공사관리 등에 대한 기술지도를 담당하였다. 성수대교, 삼풍백화점 붕괴 후 책임감리제도 도입으로 시공과 감리가 분리됐고 공공에서 민간에까지 감리 강화가 적용되었다.

이때 정부는 '사고 공화국'이라는 오명을 쓰게 되었고 '빠르고 저렴하게'로만 진행되었던 건설업계 관행과 제도를 개선하려 노력하기 시작했다. 도로, 교량, 주택 등에 엄격한 관리 기준을 도입하고 대형시설물의 안전성을 조사했으며, 그에 따라 공공시설물 안전 및 유지관리 조직을 신설 개편했다.

### 금융실명제, 부동산실명제의 도입

이러한 건축 건설 관련 사고뿐만 아니라, 1960년대부터 급격한 인구 유입에 따른 주택 부족 현상과 불안정한 부동산 시장을 안정시키기 위해 빠른 주택의 공급에 치중한 데다 고도의 압축 성장을 이루기 위해 달려오는 과정에서 쌓여온 문제점이 터지기 시작했고, 그것을 해결하고 예방할 필요가 있었다.

게다가 압축 성장과 개발을 위해 국내 자금을 동원하는 과정에서 지하경제가 만들어지게 되었고, 이에 따라 소득과 조세부담에 대한 불균형, 재산의 축적의 공정성에 대한 불신이 팽배해졌다. 오히려 지속적인 경제성장에 방해요소가 되었기에 신뢰를 회복해야 했다.

그중의 하나가 바로 금융실명제와 부동산실명제 도입이었다. 김영삼 정부는 1993년 8월, 금융실명제를 도입했다. 금융거래의 투명성을 확보하기 위해 모든 금융거래를 당사자 실제 본인의 이름으로 하도록 한 것이다.

저는 이 순간 엄숙한 마음으로 헌법 제76조 1항의 규정에 의거하여, 「금융실명거
래 및 비밀보장에 관한 대통령 긴급재정경제명령」을 발표합니다. 아울러, 헌법 제
47조 3항의 규정에 따라, 대통령의 긴급재정경제명령을 심의·승인하기 위한 임시
국회 소집을 요청하고자 합니다. 금융실명제에 대한 우리 국민의 합의와 개혁에
대한 강렬한 열망에 비추어 국회의원 여러분이 압도적인 지지로 승인해 주실 것을
믿어 의심치 않습니다.

"친애하는 국민 여러분, 드디어 우리는 금융실명제를 실시합니다.

이 시간 이후 모든 금융거래는 실명으로만 이루어집니다."

■ 금융실명제 발표 다음 날 신문기사

[출처 : 네이버 뉴스 라이브러리, 〈한겨레신문〉, 1993.08.13.]

그리고 2년 후인 1995년 7월에 부동산실명제 역시 도입되었다. 그간 차명을 통해 탈세와 탈법으로 부동산투기가 성행하고 있었는데, 이를 막기위해 반드시 자신의 실명으로만 거래를 하도록 하게 한 것이다. 명의신탁이라는 방법으로 행해졌던 차명거래, 장기 미등기 등으로 부동산 투기를하고 세금을 회피하는 이들이 많았는데, 부동산실명제 실시 이후로 이러한 편법을 쓸 수 없게 되어 부동산 거래가 정상화 되고 부동산 가격이 안정되었다.

노태우 정부의 대량주택공급에 따라 김영삼 정부 때는 주택 가격의 상승세가 꺾이며 주택시장에 안정이 찾아왔다. 1994년에는 주택 미분양이 10만호를 넘어섰다. 주택 미분양이 점점 늘어나며 건설업체들이 연이어 도산하기 시작했고, 1995년에는 100개가 넘는 건설업체가 도산할 정도였다.

이에 김영삼 정부는 국토이용관리법을 개정하여 국토의 23%를 준농림지역으로 지정했다. 준농림지역은 도시계획절차를 통해 준도시지역으로바꾸어 고층아파트 건설을 할 수 있는 지역이다. 이는 논밭 한가운데 뜬금없는 고층아파트가 들어서는 등의 광경을 연출하게 했는데, 그럼에도 이렇게 민간에서 개발한 주택이 36만 호가 넘었다. 또한 5년형과 50년형의공공임대주택 25만 호 건설을 계획했는데, 50년형의 경우 재원지원비율을 절반으로 줄었고, 1994년에는 정부의 재정지원이 중단되어 50년형 공공임대주택은 사실상 공급이 중단되었다.

## IMF 외환위기

그러나 경상수지와 외채관리에 실패하며 1997년 외환위기, 즉 IMF 사태가 찾아온다. 당시 아시아 전체의 경제 위기였는데, 1996년 무역 적자는 230억 달러, 외채는 1,000억 달러를 넘었다. 그러나 외채 상환을 할 외화가 부족하여 결국 임기말인 1997년 11월에 IMF 구제금융을 신청하며 국가 부도를 맞이했다.

1996년에 이미 한국의 위기 조짐은 보였다. 1995년 9.6%로 10%에 가까웠던 경제성장률이 1996년에 7.9%로 떨어진 것이었다. 이때 언론은 경기 침체를 보도했는데, 경제성장률 7.9%는 낮은 수준이 아니었기에 이 자체만으로는 큰 문제가 아니었다. 문제는 이 성장률 감소가 수출액 감소, 대외 채무 증가와 관련되어 있었다는 것이다. 달러환율은 달러당 1,500원을 넘어 2,000원을 돌파했고 금리는 30%를 넘었다.

[출처 : 네이버 뉴스라이브러리, 〈한겨레〉, 1997.11.22.]

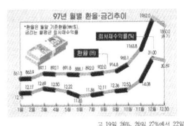

[출처 : 네이버 뉴스라이브러리, 〈매일경제〉, 1997.12.31.]

대한민국에 손꼽히는 대기업들인 삼미그룹, 진로그룹, 삼립식품, 쌍방울, 기아그룹, 해태제과, 고려증권, 동서증권 등의 은행들도 불과 2년 만에 줄줄이 무너졌다. 오늘은 어디가 부도났고 내일은 어디가 도산한다더라 하는 식의 루머가 일파만파 퍼졌다. IMF 당시 수많은 기업들이 도산, 부도, 축소되거나 다른 기업에 넘어가는 등 재계에 커다란 지각 변동이 일었다. 이에 따라 대규모 실업, 대량의 부동산 매각이 일어나 집값이 폭락하는 등 부동산 시장이 요동치는 것은 물론 국민들의 불안은 하늘을 찌르고 있었다.

그 당시 나는 명승 건축에 근무하고 있었다. 건설사들이 부도나기 시작하자 일주일 만에 공사 현장들이 속속 문 닫는 믿기 어려운 일들이 벌어지기 시작했다. 나는 다행히도 아파트 재건축 현장이라 근무를 지속할 수가 있었으나, 대부분의 동료는 재택근무 3개월 후에 실직자가 되었다. 업종을 전환하는 건축사들도 있었다. 정말 어려운 시절이었다. 그래서인지 대한민국은 IMF 이후에 세계금융위기, 리먼 사태를 잘 이겨냈다. 이때 기업들도 내성을 갖추게 되어 지금의 코로나 위기와 거시경제의 위기도 잘 극복하리라 믿는다.

---

# 김대중 정부(1998~2003) :
# IMF 극복과 그린벨트 해제

**IMF와 구조조정 과정에서의 규제 완화 정책**

김대중 정부는 김영삼 정부 임기 말의 IMF 외환위기 사태를 극복해야 하는 과제를 안고 시작했다. IMF는 당시 대통령 선거에서 당선 가능성이 있었던 세 후보에게 각서를 받았는데, 각서의 내용은 '신자유주의 성향을 띤 강력한 구조조정 정책을 수행한다'는 것이었다. 이에 김대중 정부가 출범 후 가장 먼저 실시한 것은 강도 높은 구조조정 실시였다.

1) 시장의 자유 강화
2) 규제완화 및 철폐

대한민국 부동산은 특별하다

3) 국유화 된 사업체에 대한 민영화

4) 정부지출(보건복지 등) 축소

5) 고금리(29.5%)

이러한 IMF의 구제금융 조건을 수용하는 과정에서 많은 기업이 붕괴했고 400만이 넘는 실업자가 나왔다. 이러한 대량실직과 경제 불황을 극복하기 위해 1998년에 대대적인 규제 완화 정책을 발표한다. 토지거래신고 및 허가제 등의 토지 공개념 제도를 완화하고 양도소득세 면제 등의 정책을 펼쳐 나가는데, 가장 대표적인 것이 분양가 자율화이다. 분양가 자율화는 규제를 풀고 시장의 수요와 공급에 의해 분양가가 결정되도록 하는 것을 말한다. 1997년 강원, 충북 등 4개 권역에서 일부 자율화를 시작으로 1999년에 전면 자율화했다. 또한 한시적으로 분양권 전매도 허용했는데, 분양권 전매란 주택을 분양받은 사람이 그 분양권을 다른 사람에게 넘겨 입주자를 변경하는 것을 뜻한다. 원래 분양권 전매는 부동산 투기를 억제하기 위하여 해외 이주 등 특별한 경우를 제외하고는 금지되었던 것이었다.

당시 상황을 기억하자면 김대중 정부는 IMF로부터 혹독한 대가를 치러야 했다. 외국 자본가에게 한국 기업을 싼값에 사들일 기회가 온 것이다. 1999년 타이거펀드는 SK텔레콤 지분을 7% 매집한 후 적대적 인수합병 위협을 가하며 몇 달 뒤 6,300억 원의 시세차익을 남기고 SK 계열사에 넘겼다. 미국 사모펀드 론스타는 2003년에 극동건설을 인수한 지 3년도 안 돼 3,500억 원 이상을 현금화했다. 이어서 외환은행을 인수하며 한국에서 은

행업을 시작했고, 결국 4조 원이 넘는 이익을 챙긴 뒤에 하나금융지주에 지분 51.02%를 매각했다. 김대중 정부는 이렇게 미국의 강압적인 프레임으로 한국 경제의 강력한 구조개혁, 완전 개방과 시장경제체제로의 전환 요구를 받아들일 수'밖에 없었다. 국내 경제발전에 갇혀 세계 경제의 흐름을 볼 수 없었던 근시안적인 국가 경영으로 결국 너무나 많은 국가적 손실을 낳았으나 결국 위대한 국민의 힘으로 극복할 수 있었다.

한편 IMF로 국가가 위기에 처하자 금모으기 운동이 일어났다. 국민들이 금을 모아 한국은행의 금 보유고를 높인다는 전략의 범국민적 운동이었다. 구조조정과 기업들의 연쇄 부도 등으로 국민들 역시 먹고살기 힘든 때였으나, 1997년 11월에 시작한 지 두 달 만에 참여한 국민이 350만 명이 넘었다. 어린 자식들의 돌반지, 장롱 속에 숨겨두었던 금두꺼비, 대대로 내려오던 가보까지 등장했다. 당시 이 운동은 국내외에서 큰 이슈가 되었는데, 실제로 당시 비슷한 시기에 경제위기를 겪었던 동아시아 각국에서는 폭동과 시위가 연이어 터지고 있었기 때문이었다. 이 금모으기 운동으로 227톤의 금이 모였고, 약 21억 달러의 외화부채를 상환했다.

■금 모으기 운동

## 삼성 임직원도 금모으기 동참

대우와 주택은행이 1월3일부터 금모으기 운동을 펴기로 한 데 이어, 삼성그룹
도 전 임직원을 대상으로 '장롱속 금모으기운동' 에 나섰다.

삼성은 30일 그룹의 수출창구인 삼성물산의 종무식 행사에서 '장롱속 금모으
기운동' 발대식을 열고 본관 25층 경영회의실에 접수창구를 설치했다.

임직원들은 보유한 금을 삼성물산 귀속팀에 기탁하고 확인서를 받게 되며 삼
성물산은 금괴로 제작해 수출하게 된다.

삼성은 이 운동에 전 임직원이 동참하면 약 10t의 금을 모아 1억달러의 외화
를 벌어들일 수 있을 것으로 내다봤다.
김병수 기자

[출처 : 네이버 뉴스라이브러리, 〈한겨레〉 1998.01.01.]

 

2001년 8월, 온 국민의 피땀으로 인해 대한민국은 IMF의 금융·지원금을
모두 상환했다. 그리고 2002년 말 경제가 회복되며 부동산규제완화 정책
이 부동산 투기를 원활하게 하는 요소로 변질되면서 다양한 문제가 발생
했다. 청약 자격이 세대가 아닌 개인 기준으로 주어지고 재당첨 회수에 제

한이 없어지고 분양권 전매가 허용되면서, 오히려 실수요자들의 당첨기회는 축소되었다. 심지어는 웃돈을 주고 분양권을 사야 했다.

주택 가격이 천정부지로 치솟았다. 김영삼 정부 때 폐기된 2기 신도시 계획, 준농림지역 규제 강화 등으로 주택이 부족한 상황에서 분양가 자율화는 이제 분양가를 민간 건설업자가 주도하게 되는 결과를 만들었다. 2002년 서울의 아파트 가격은 전년 대비 30%까지 폭등했고, 서울아파트의 평당 분양가는 1998년 521만 원이었는데 2004년에는 2배가 넘게 오른 1,263만 원이 된다.

## 개발제한구역 해제

이에 정부에서는 개발제한구역을 해제하게 된다. 원래 개발제한구역은 1971년 도시계획법을 개정하며 자연환경 보호와 도시의 무질서한 확산 방지를 위해 서울시 외곽의 녹지를 중심으로 지정된 것이었다. 14개 도시권역에 총 면적 5,397㎢, 즉 국토 면적의 5.4%였다.

1997년 김대중 대통령의 선거공약에 '일부 환경적으로 보전가치가 낮은 지역은 개발제한구역에서 해제'하는 내용이 포함되면서 개발제한구역 제도의 변화를 위한 본격적인 논의가 진행되었다. 1999년에는 개발 압력이 높은 7개 대도시권의 부분해제와 개발압력이 낮은 7개 중소도시권역의 전면해제를 발표했다. 그 이후 해당 정책을 조정하면서 점진적인 해제가 추진되었다.

| 시기<br>구분 | 중앙<br>정부 | 연도 | 법제도 변화와 주요 추진 사업 | 관련 서울시 계획/제도 |
|---|---|---|---|---|
| 조정<br>방향<br>마련기 | 김대중<br>정부<br>(1998.2<br>~<br>2003.2) | 1999.7 | • 개발제한구역 제도개선 시안 발표<br>　－ 개발제한구역 제도 기본방향 유<br>　　지, 환경평가 후 해제 추진<br>　－ 7개 중소도시권 전면 해제, 대도<br>　　시권은 광역도시계획을 통해 부<br>　　분 해제 추진<br>　－ 최소개발기준(해제가능 규모)<br>　　10㎡ 설정 | • 2006년 서울시 개발제<br>한 구역 관리계획(2002)<br>• 제1차 수도권개발제한<br>구역 관리계획(서울)(2002) |
| | | 2000.1 | • 개발제한구역법 제정 | |
| | | 2000.1<br>2000.7 | • 도시계획법 내 개발제한구역법<br>제정 반영해 관련 조항 명시<br>　－ 도시계획법 제56조(개발제한구역<br>　　안에서의 행위 제한) 신설<br>　－ 동법 시행령 제25조(시행중인 공<br>　　사에 대한 특례) 전면개정 | |
| | | 2001 | • 제2기 신도시 건설계획 발표 | |
| | | 2002 | • 국민임대주택 100만 호 건설계획<br>발표 | |
| | | 2002.2. | • 국토의 계획 및 이용에 관한 법률<br>제정<br>　－ 도시계획법 및 동법 시행령 폐지 | |

[출처 : 서울연구원, 2021]

　지금 생각해보면 개발제한구역은 개발에 의한 무질서한 도시 확산을 줄이고 성장관리에 기여한 측면이 있다. 서울과 주변 도시들의 개발 용적율을 높이면서 자연을 보전함으로써 도시민들의 주거의 질을 높이고 도시 근교 농업지대로서도 톡톡히 역할을 해온 것이다. 그러나 토지공급을 제한하여 서울의 땅 값을 높이고 고른 개발을 방해하기도 했다. 정부에서는 도시 성장관리 측면에서 개발제한구역이 의미가 있다 판단하여 수요에 따라 개발제한구역을 부분적으로 해제하되, 나머지 지역은 철저한 관리를 하도록 했지만, 현재 관점에서 판단해보면 장기적인 계획 없이 그때그때 필요에 따라 무분별하게 해제하는 행태를 보여왔다고 할 수 있다.

## 대한민국을 강타한 분양사기, 굿모닝시티 사건

1990년대 후반부터 2000년대 초반까지, 대한민국 상업용 부동산의 가장 큰 축은 테마형 쇼핑몰이었다. 일명 쪽분양 상가로도 불렸는데, 1.5~3평의 최소한의 단위로 매장을 나누어 '구좌 분양'하는 방식이었다. 개발업체들은 이렇게 최대화한 분양대금으로 사업비를 충당했고, 적은 자본으로도 이익을 얻을 수 있게 되었다. 그러나 이러한 방식은 사업 주체의 도덕적 해이와 관리 부실로 이어져 투자 피해자를 낳았다. 시행사 마음대로 구조변경을 하거나 계약했던 것과 전혀 다른 장소를 분양받게 되거나 하는 '먹튀 분양'이 사회문제로 대두되었다. 무조건적인 공급으로 인해 정작 완공 뒤 70~90%밖에 분양되지 않는 경우도 허다했다. 수천억 원 규모의 자금이 투자되었으나 아직까지 50% 이상의 공실률을 기록하며 방치되어 있는 강남 점프밀라노, 명동 하이해리엇, 동대문 밀리오레, 이대 YES APM, 신촌 밀리오레, 굿모닝시티, 패션TV 등이 모두 당시 건설된 쇼핑몰들이다.

당시에는 이러한 분양사기로부터 피분양자를 보호할 수 있는 제도나 법이 없었는데, 관련 법 제정에 신호탄이 된 사건이 발생하게 된다. 바로 굿모닝시티 분양사기 사건이다.

2000년대 초반, 을지로6가에 굿모닝시티라는 대형 테마형 쇼핑몰이 분양되었다. 분양 시작 3개월 만에 분양률 60% 달성 등 소위 '대박'이 났다. 그러나 대지소유권을 확보하지 않은 상태에서 상가를 분양하고, 시행사 대표의 횡령과 뇌물수수가 밝혀져 구속되면서 투자자 3,000여 명, 투자금 3,700억여 원의 엄청난 피해가 발생했다.

이후 횡령금을 일부 환수하여 계약자들이 추가 투자하여 7년이 지나서야 개관할 수 있었다. 당시 이 사건을 계기로 하여 시행사와 개발업체들의 난립으로 생기는 문제점이 대두되어 '건축물의 분양에 관한 법률', 이른바 '굿모닝시티법'이 제정되었다. 주택 이외 상가 등의 건물을 분양할 때 골조공사가 2/3 이상 되어야 분양할 수 있고, 피분양자의 돈을 보호하기 위해 신탁사가 개입하는 것이다. 이로 인하여 신탁업무가 매우 중대하고 금융업이 선진화되는 기폭제가 되었다.

또한 이 사건 이후 토지등소유자의 동의를 받도록 건축법이 제정되었으나, 당시에는 토지등소유자에게 동의도 받지 않고 건축심의를 신청할 수 있었다. 한림건축은 당시에 라모도 쇼핑몰(지금의 APM 플레이스) 판매시설의 CM용역을 수행했는데, 토지등소유자의 동의를 받지 않고 건축심의 받는 것을 현장에서 볼 수 있었다. 건축사로서 이해가 안 되는 부분이었고, 앞으로 이러한 잘못이 개선되어야 마땅하다는 생각을 하게 되었다. 이와 같이 현장에서 발견할 수 있는 정책의 허점이나 오류를 지적하고 개선하는 데 기여하기 위해 현재 유튜브 〈한림튜브〉를 운영 하고 있다.

[출처 : https://blog.naver.com/asset008/220231757032]

대한민국 부동산은 특별하다

06
—

# 노무현 정부(2003~08) :
# 2기 신도시, 투기와의 전쟁

## 주택가격 안정이 최대 과제, 투기과열지구 지정

IMF 외환위기 극복 이후, 주택공급물량이 갑자기 감소하면서 수급 불균형을 초래했고 대규모 아파트 단지의 재건축 시기가 가까워오며 개발 호재가 늘었다. 또한 분양가 자율화와 분양권 전매 허용 등의 규제 완화 정책의 영향으로 전국 아파트 가격이 본격적으로 상승했다. 2002년 전년 대비 약 22%나 올라갔다. 저금리로 인한 가계대출이 늘어나며 주택수요자들의 자금조달이 수월해진 영향도 있었다.

이렇게 부동산 가격이 상승할 때에 출범한 노무현 정부에게는 주택가격

안정이 최대 과제였다. 우선 부동산 투기 근절을 위한 투기 억제책으로 분양권 전매 제한 및 재당첨 제한을 부활시키고, 수도권 투기과열지구 지정을 추진했다. 투기과열지구는 주택분양시장의 과열을 방지하기 위해 건설교통부장관이 주택법에 따라 지정하게 한 것이다. 당시 서울 전역이 우선 지정되었고, 이후 경기, 인천, 대전, 충청, 부산, 경남 등 전국 105곳까지 지정되었다. 투기과열지구로 지정되면 과거 5년 이내 주택의 당첨사실이 있거나 2세대 이상 주택을 소유한 세대는 청약순위에서 1순위가 될 수 없다. 주택입주자가 되면 소유권 이전등기를 완료할 때까지 아파트 매매가 금지된다.

### 역대 정부를 통틀어 가장 강력한 규제 정책

또한 종합부동산법을 도입하고 다주택 소유자 양도세 중과, 투기지역 내 주택 취등록세 중과 등 세제를 강화하기도 했다. 공공택지 내 분양가 상한제, 분양가 내역 공시제를 시행하여 공시원가를 낮추려고 하였으며, 토지거래 허가대상 확대와 일부 지역에 주택거래신고제를 시행했다. 토지거래허가제는 토지거래허가구역이나 신고구역으로 지정된 토지 중 일정 면적을 거래할 때 사전에 허가를 받거나 신고하도록 하는 제도이다. 다만 투기지역처럼 구체적 기준은 없다. 주택거래신고제는 투기가 성행하거나 성행할 우려가 있는 지역을 지정하여 그 지역 내 주택에 대한 거래계약을 체결한 당사자가 계약일로부터 15일 안에 신고하도록 한 것이다.

재건축과 관련하여서도 임대아파트 의무건설제도와 소형주택 의무건설 비율을 추진했다. 수도권의 인구집중을 완화하기 위한 지역균형개발 정책의 일환으로 수도이전과 지방혁신도시 건설로 공공기관의 지방 이전을 추진했다. 원래 서울의 교통, 인구, 환경 문제를 줄이기 위한 신행정수도 이전계획이 있었는데 2004년 헌법재판소에서 위헌결정을 내리며 무산되었다. 때문에 일부 행정부처만 이전하는 방향으로 추진되어 세종특별자치시가 생겼다. 이밖에 수도권의 공공기관을 지방으로 이전하기 위해서는 11개 광역시도에 10개 지방혁신도시를 건설하고자 했다.

주거 안정화를 위해 임대기간 30년의 국민임대주택 100만 호 건설, 임대기간 10년 공공임대주택 50만 호 건설을 추진했다. 강남지역 재건축 단지의 가격이 상승하고 투기가 예상되자 재건축 실시여부를 가늠하는 안전진단 기준을 강화했다. 이전에는 안전진단을 받은 대부분의 단지들이 쉽게 재건축 판정을 받았기 때문이다.

역대 정부를 통틀어 가장 강력한 규제 정책을 펼쳤다고 평가되나, 당시 주택 가격은 좀처럼 안정되지 않았다. 김대중 정부에서 약 66% 상승한 이후 노무현 정부에서도 약 55%가 상승했다. 반면 전세가는 10.9% 상승으로, 김대중 정부의 약 81%와 비교하면 상당히 안정화되었다고 볼 수 있다.

노무현 정부에서 지역균형발전정책으로 추진한 행정중심복합도시, 기업도시, 혁신도시, 신도시 건설 입지로 선정된 지역은 2004년에서 2005년 사이, 단 1년 만에 10~50%의 부동산 가격 폭등을 보였다.

행정중심복합도시는 세종특별자치시 일부 지역에 건설한 도시인데 한국판 워싱턴D.C.로 비유되기도 한다. 분당 신도시의 약 4배에 해당되는 72.91㎢에 달하는 면적이며, 수용인구는 50만 명이었다. 국내 단일 신도시 사상 최대 규모의 계획이었다. 더군다나 지금까지 없던 개념의 신도시였기에 환상을 가진 사람들이 많아 이러한 분위기도 부동산 가격 폭등의 원인이 되기도 했다.

이러한 일부 지역의 상승에 영향을 받아 전국의 부동산 가격이 상승했다. 대규모 개발에 따른 토지수용 보상비가 50조를 넘어서면서, 이 자금이 다시 부동산 시장으로 유입되어 주택가격 상승에 일조하는 악순환을 만든 것이다.

■ 노무현 정부 부동산 규제 강화 정책(대책없는 부동산 대책)

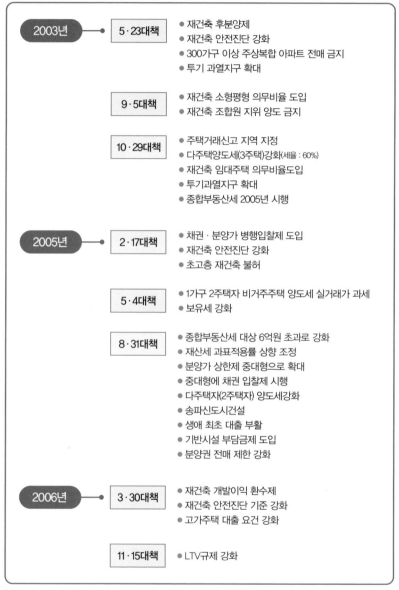

**2003년**

**5·23대책**
- 재건축 후분양제
- 재건축 안전진단 강화
- 300가구 이상 주상복합 아파트 전매 금지
- 투기 과열지구 확대

**9·5대책**
- 재건축 소형평형 의무비율 도입
- 재건축 조합원 지위 양도 금지

**10·29대책**
- 주택거래신고 지역 지정
- 다주택양도세(3주택)강화(세율 : 60%)
- 재건축 임대주택 의무비율도입
- 투기과열지구 확대
- 종합부동산세 2005년 시행

**2005년**

**2·17대책**
- 채권·분양가 병행입찰제 도입
- 재건축 안전진단 강화
- 초고층 재건축 불허

**5·4대책**
- 1가구 2주택자 비거주주택 양도세 실거래가 과세
- 보유세 강화

**8·31대책**
- 종합부동산세 대상 6억원 초과로 강화
- 재산세 과표적용률 상향 조정
- 분양가 상한제 중대형으로 확대
- 중대형에 채권 입찰제 시행
- 다주택자(2주택자) 양도세강화
- 송파신도시건설
- 생애 최초 대출 부활
- 기반시설 부담금제 도입
- 분양권 전매 제한 강화

**2006년**

**3·30대책**
- 재건축 개발이익 환수제
- 재건축 안전진단 기준 강화
- 고가주택 대출 요건 강화

**11·15대책**
- LTV규제 강화

[출처: https://blog.naver.com/yij0510/222710332082]

■ 부동산 시장 변화_역대 정부 부동산 정책, 집값 변동

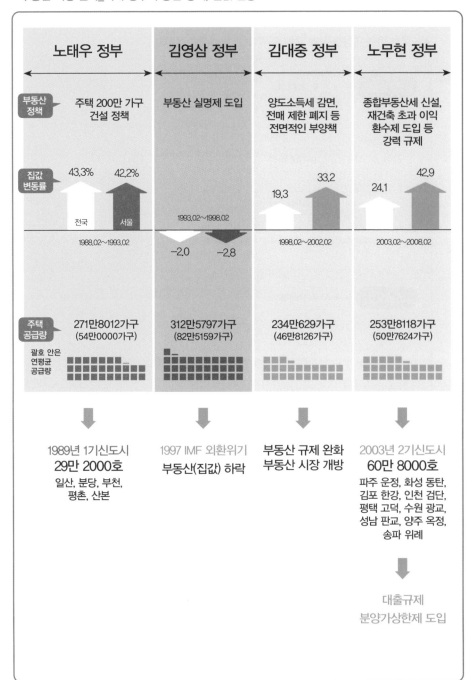

| 노태우 정부 | 김영삼 정부 | 김대중 정부 | 노무현 정부 |
|---|---|---|---|
| **부동산 정책** 주택 200만 가구 건설 정책 | 부동산 실명제 도입 | 양도소득세 감면, 전매 제한 폐지 등 전면적인 부양책 | 종합부동산세 신설, 재건축 초과 이익 환수제 도입 등 강력 규제 |
| **집값 변동률** 43.3% 42.2% 전국 서울 1988.02~1993.02 | 1993.02~1998.02 −2.0 −2.8 | 19.3 33.2 1998.02~2002.02 | 24.1 42.9 2003.02~2008.02 |
| **주택 공급량** 271만8012가구 (54만0000가구) | 312만5797가구 (82만5159가구) | 234만629가구 (46만8126가구) | 253만8118가구 (50만7624가구) |

괄호 안은 연평균 공급량

| ↓ | ↓ | ↓ | ↓ |
|---|---|---|---|
| 1989년 1기신도시 **29만 2000호** 일산, 분당, 부천, 평촌, 산본 | 1997 IMF 외환위기 부동산(집값) 하락 | 부동산 규제 완화 부동산 시장 개방 | 2003년 2기신도시 **60만 8000호** 파주 운정, 화성 동탄, 김포 한강, 인천 검단, 평택 고덕, 수원 광교, 성남 판교, 양주 옥정, 송파 위례 |

↓

대출규제
분양가상한제 도입

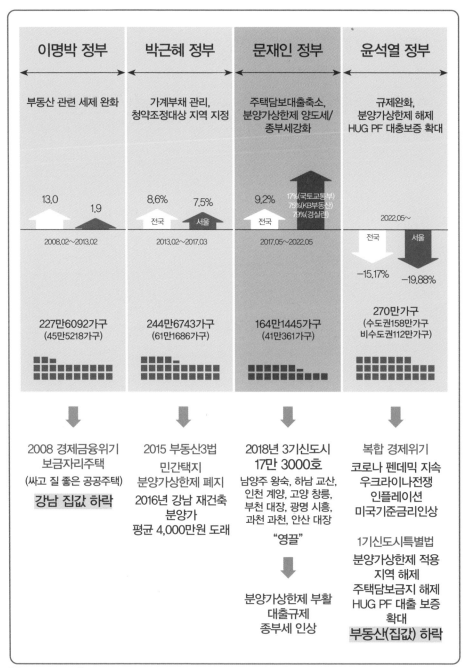

| 이명박 정부 | 박근혜 정부 | 문재인 정부 | 윤석열 정부 |
|---|---|---|---|
| 부동산 관련 세제 완화 | 가계부채 관리, 청약조정대상 지역 지정 | 주택담보대출축소, 분양가상한제 양도세/ 종부세강화 | 규제완화, 분양가상한제 해제 HUG PF 대충보증 확대 |

이명박 정부
13.0 → 1.9
2008.02~2013.02
227만6092가구
(45만5218가구)

박근혜 정부
8.6% 전국  7.5% 서울
2013.02~2017.03
244만6743가구
(61만1686가구)

문재인 정부
9.2% 전국
17%(국토교통부)
75%(KB부동산)
79%(경실련)
2017.05~2022.05
164만1445가구
(41만361가구)

윤석열 정부
2022.05~
전국 −15.17%  서울 −19.88%
270만가구
(수도권158만가구
비수도권112만가구)

2008 경제금융위기
보금자리주택
(싸고 질 좋은 공공주택)
**강남 집값 하락**

2015 부동산3법
민간택지
분양가상한제 폐지
2016년 강남 재건축
분양가
평균 4,000만원 도래

2018년 3기신도시
**17만 3000호**
남양주 왕숙, 하남 교산,
인천 계양, 고양 창릉,
부천 대장, 광명 시흥,
과천 과천, 안산 대장
"영끌"

↓

분양가상한제 부활
대출규제
종부세 인상

복합 경제위기
코로나 펜데믹 지속
우크라이나전쟁
인플레이션
미국기준금리인상

1기신도시특별법
분양가상한제 적용
지역 해제
주택담보금지 해제
HUG PF 대출 보증
확대
**부동산(집값) 하락**

[출처: 한림튜브]

# 07

# 이명박/박근혜 정부(2008~17) : 경기침체로 인한 규제완화 정책

## 세계금융위기를 극복하기 위한 규제완화 정책

2008년, 미국의 리먼브라더스 사태로 시작된 경제위기는 세계를 덮쳤다. 미국 부동산 버블 붕괴와 이에 따른 모기지론(주택담보대출)의 부실화로 인한 세계금융위기는 서구권 경제에 큰 타격을 입혔다. 이 파급으로 그리스는 디폴트 위기에 빠지기도 했다. 다행히도 동아시아의 피해는 훨씬 덜 했지만 세계적인 경제 불황이 한국에 아무 영향을 끼치지 않을리 없었다.

세계 경기가 침체되면서 실업률은 늘고 소득증가률은 감소했다. 국내 경기와 함께 부동산 시장도 얼어붙었다. 주택가격이 폭락했다. 세계금융위기가 시작된 해에는 주춤하였으나 2010년부터 점점 내려가 2013년에는 저점을 찍었다. 미분양 주택은 2009년 기준 전국 16만 호로 역대 최고 기록을 찍었다. 전국 분양사업장의 3분의 1이 청약률 제로를 기록했다. 이에 건설업계에도 자금난으로 찬바람이 불었다.

세계금융위기와 거의 동시에 집권한 이명박 정부에게는 이 위기를 현명히 넘기는 것이 가장 급선무였다. 정부는 경기 회복을 위해 과감한 규제 완화 정책을 펼쳤다. 인프라 시설에 투자함과 동시에 취등록세 완화, 후분양 폐지, 다주택자 양도세 중과 폐지, 종부세 완화, LTV를 완화 등으로 주택 거래를 활성화 시켰고 재건축·재개발 절차를 간소화했다. 1가구 2주택 중복 보유 허용기간을 완화, 장기보유 특별 공제, 분양가 상한제 완화 및 폐지, 수도권 분양권 전매제한기간 단축 등으로 미분양을 해소하려 노력했다.

## 이명박 정부, 반값 아파트의 등장

한편 2009년 4월, 반값아파트법안이 국회 본회의를 통과하여 그해 연말부터 반값아파트가 공급되기 시작했다. 공공이 소유한 땅 위에 건물만 분양하여 수요자는 건물만 소유하고 땅에 대한 임대료를 내는 것이다. 시세의 반값으로 주택을 살 수 있다는 의미에서 '반값아파트'라는 이름이 붙었는데, 정부는 실제로 서민주거환경 개선과 주택가격 안정이라는 목표로 서울 외곽에 시세보다 15~50% 저렴한 보금자리 아파트를 공급했다. 신도시 아파트보다 저렴한 가격과 좋은 거주환경으로 호평을 받았다. 보금자리 주택은 2009년부터 2018년까지 총 10년간 150만 채의 공공주택을 공급하는 거대 정책이었다. 공공 분양과 공공 임대의 형태로 공급되었다. 보금자리 주택 건설을 위하여 정부는 개발제한구역을 차례로 해제했다.

2009년 9월, 보금자리주택 시범지구인 서울 강남 · 서초 일대에선 주변 시세의 절반 수준인 3.3㎡(1평)당 1,000만 원대의 아파트가 등장했다. '반 값아파트'의 등장에 주택시장은 들끓기 시작하며 '로또 아파트'라는 말까지 나왔다. 보금자리주택은 강남과 수도권 등 주택가격의 하락을 가져왔으나 전국적으로는 부동산 가격 오름세가 이어졌다. 또한 보금자리주택은 부작용도 컸다. 보금자리주택은 민간 아파트의 공급 축소와 전세난을 부른 주범이었다. 그린벨트형 보금자리주택 당첨을 기대한 서민 · 중산층이 전 · 월세 세입자로 눌러앉으면서 23개월 연속 전세가격이 급등하는 결과를 가져왔다.

추후 2013년 초 박근혜 정부의 첫 부동산 대책인 4 · 1대책에는 이명박 정부에서 추진했던 보금자리 주택을 총 20만 호만 공급하겠다는 내용이 포함되어 있는데, 당시 이미 물량이 총 20만 호였으므로 보금자리 주택공급은 중단되었다.

### 노무현 정부의 규제 강화 VS. 이명박 정부의 규제 완화

역대 대통령 중 가장 대비되는 정책을 편 것이 바로 노무현 정부와 이명박 정부이다. 노무현 정부는 부동산 가격 상승기에 출발했고, 이명박 정부는 경기 침체기에 출발했기 때문이다. 노무현 정부는 전 정부의 경기부양, 규제 완화 정책으로 인해 부동산 가격이 올라가는 상황이었으므로 투기를 억제하고 부동산 가격을 안정시키기 위해 규제를 강화시킬 수밖에 없었고, 이병박 정부는 세계적인 금융 위기로 인해 침체된 경기를 회복하기 위해 규제를 완화할 수밖에 없었다.

## 계속되는 경기침체, 박근혜 정부의 초규제 완화 정책

그러나 박근혜 정부로 넘어와서도 부동산 침체기는 계속되었는데, 박근혜 정부는 경기회복과 부동산 시장 활성화를 기조로 초규제 완화 정책, 초이노믹스 경기부양책을 펼쳤다.

정부는 시장 활성화를 위하여 민간택지 분양가 상한제 탄력 적용, 정비사업 요건 완화, LTV와 DTI 규제 완화, 생애최초 구매자 취득세 일시적 전액 감면, 취등록세 인하 등 적극적으로 규제를 완화했다. 2014년 12월에는 분양가 상한제를 실질적으로 폐지하며 재건축특혜법, 이른바 부동산 3법 개정을 도입했다.

---

1. 주택법 개정안 - 분양가 상한제(민간택지) 사실상 폐지
2. 재건축 초과이익 환수에 관한 법률 개정안 - 유예기간 3년 연장
3. 도시 및 주거환경 정비법 개정안 - 재건축 조합원 분양주택수를 기존 1주택에서 3주택까지 허용

---

LTV(주택 담보인정비율): 주택담보가치 대비 대출이 가능한 금액
DTI(총부채 상환비율): 대출이용자의 연소득대비 대출 상환액
DSR(총부채 원리금 상환비율): 총체적 상환능력 비율

〈참고〉 재건축초과이익환수제 합헌과 위헌 소송

재건축초과이익환수제란 재건축 사업으로 발생한 초과이익을 부담금 형태로 국가가 거둬들이는 제도이다. 서울 강남 재건축 아파트가 집값 상승의 원인 규정하여 부동산 투기 억제와 집값 안정을 목적으로 한다. 그러나 재건축초과이익환수제 시행으로 부담금이 급증하자 재건축 사업이 지지부진해져, 주택공급이 사실상 막히고 오히려 집값 폭등으로 이어지는 부작용을 초래했다.

노무현 정부에서 2006년 9월 도입했으나 박근혜 정부가 2013년~2017년 유예했으며, 문재인 정부가 2018년 1월 1일 이후 관리처분인가를 신청한 재건축 조합을 대상으로 재시행 했다.

2018년 4월, 전국 재건축조합들이 개인의 재산권을 침해하고, 기존 양도 소득세와 중복되는 이중과세, 기부채납, 소형주택 공급 의무 등에 더해진 과도한 규제로 정부 상태 위헌 소송을 제기했으나 2019년 12월에 헌법재판소는 재건축초과이익 환수제 합헌 결정을 내렸다.

최근 윤석열 정부에서 2022년 7월 26일 「재건축이익환수법」 시행령 개정안이 국무회의를 통과하여, 상가 조합원이 재건축 주택을 공급받는 경우 기존에 소유하고 있던 부대·복리시설 가격의 평가 및 반영방법에 대한 근거 및 절차가 마련됐다. 부대·복리시설의 가격은 감정평가로 구하고, 개시시점 주택가액 조정방법과 동일하게 그 평가액에 종료시점 주택의 공시가격과 실거래 가격과의 비율(현실화율)을 반영하여 조정된다. 이번 시행령 개정을 통해 상가 조합원의 불합리한 점(개시시점 주택가액 0원 반영)이 개선되었고 재건축 추진 과정에서 재건축부담금으로 인한 조합원의 간의 분쟁이 줄어들고 재건축 사업추진 속도가 빨라질 것으로 기대된다.

당시 저금리가 지속되며 전세가가 상승하거나 아니면 전세를 월세로 전

환하는 경우가 많아졌다. 이명박 정부에서 주택가격은 −4.5%로 떨어졌지만 전세가는 31.7% 폭등했고, 박근혜 정부에서도 주택가격이 10% 내외로 소폭 상승한 것에 비해 전세가는 27.7% 가까이 상승했다. 두 정부를 통틀어 10년간 전세가가 60% 폭등한 것이다.

또한 이명박 정부의 보금자리 주택을 중단하고 행복주택 사업을 추진했는데, 대학생, 사회초년생, 신혼부부 등을 위해 소규모 주택을 지어서 공급하는 사업이다. 타 정부에서 대형 택지 개발로 주택을 공급했던 것과 달리 역세권이나 유휴시설 등의 소규모 부지를 활용하여 임대주택을 건설해 보급했다. 2014년부터 행복주택이 새로운 유형의 공공주택으로 공급되기 시작했다. 2014년 22,000호, 2015년 37,000호, 2016년 38,000호, 2017년 이후에는 연간 30,000호 수준으로 공급되었다.

■ 재건축부담금 산정방식

| 재건축부담금 = [종료시점 주택가액 − {개시시점 주택가액(부대 · 복리시설의 가격 포함) + 정상주택 가격 상승분 + 개발비용)}] × 부과율 |
| --- |

■ 조합원 1인당 평균 부과율

| 조합원 1인당 평균 이익 | 부과율 및 부담금 산식 |
| --- | --- |
| 3천만원 초과~5천만원 이하 | 3천만원 초과금액의 10% × 조합원수 |
| 5천만원 초과~7천만원 이하 | (200만원 + 5천만원 초과금액의 20%) × 조합원수 |
| 7천만원 초과~9천만원 이하 | (600만원 + 7천만원 초과금액의 30%) × 조합원수 |
| 9천만원 초과~1억 1천만원 이하 | (1,200만원 + 9만원 초과금액의 40%) × 조합원수 |
| 1억 1천만원 초과 | (2,000만원 + 5천만원 초과금액의 50%) × 조합원수 |

## 리먼브라더스 사태를 담아낸 영화 〈빅쇼트〉

영화 제목인 '빅쇼트'는 공매도라는 뜻이다. 공매도는 기본적으로 상품 가격이 떨어질 것이라고 예측한 상태에서 하는 투자다. 위험하지만 10배 이상의 수익을 얻을 수도 있는 투자기법이다.

영화의 배경은 2007-2008년도. 세계금융위기가 닥칠 것임을 예측한 소수의 무리의 눈을 따라 미국 리먼브라더스 사태를 실감나게 담아냈다. 이 소수의 무리들은 미국 경제가 붕괴할 거라는 데에 돈을 걸겠다는 공매도를 추진한다. 당연히 모든 금융기관들은 이들을 비웃는다. 그러나 얼마되지 않아 리먼브라더스 사태가 터지고, 미국 경제는 붕괴한다.

리먼브라더스 사태란, 세계 4위의 투자은행 리먼브라더스(Lehman Brothers)가 2008년 9월 15일 뉴욕 남부법원에 파산보호를 신청하면서 글로벌 금융위기의 시발점이 된 사건이다. *서브프라임 모기지 부실과 파생상품 손실에서 비롯된 약 660조 원 규모의 부채를 감당하지 못한 것이다. 이는 역사 상 최대 규모의 파산으로 기록되면서 글로벌 금융시장과 부동산 시장에 엄청난 충격을 몰고 왔다. 이 파산이 글로벌 금융위기와 10여 년에 걸친 세계경제의 장기 부진을 예고하는 신호탄이 되었다.

"집주인이 개 이름으로 대출을 받았어요"
당시 은행들은 높은 수익을 추구하고 경쟁력을 유지하기 위해 불충분한 심사 과정과 조건 없는 대출을 수락했다. 이는 은행들의 탐욕과 신용시장의 부실한 상태에 기인했고, 은행들은 이런 대출을 주택 담보 채권 상품으로 묶어 투자자들에게 팔았으며, 신용평가기관은 이러한 상품들을 과대평가했다. 영화 '빅쇼트'는 금융 시스템의 결함과 은행들의 탐욕으로 인해 어떻게 금융 위기가 발생할 수 있었는지를 담아냈다.

■빅쇼트 세트장에서 크리스찬 베일과 아담 패케이 감독, 2016

*서브프라임(sub-prime)은 정상 대출이라 할 수 있는 프라임 대출보다 소득이 낮은 사람들을 대상으로 한 대출을 말한다

# 08

# 문재인 정부(2017~22) :
# 3기 신도시와 규제 강화

**노무현 정부보다 더 강력한 부동산 규제 정책**

세계금융위기로 인한 경기 침체의 그림자는 2015년부터 서서히 물러가기 시작했다. 주택가격은 2014년에 최저점을 찍고 2015년와 2016년을 거치며 본격으로 상승하기 시작했다. 이러한 부동산 시장 속의 2016년 최대 이슈는 '국정농단'이었다. 광화문 광장에서 시작된 촛불집회가 전국으로 번지기 시작할 무렵 부동산 가격은 본격적인 상승세로 들어서기 시작했던 것이다.

■ 정권별 서울 · 수도권 3.3㎡당 아파트값 변화

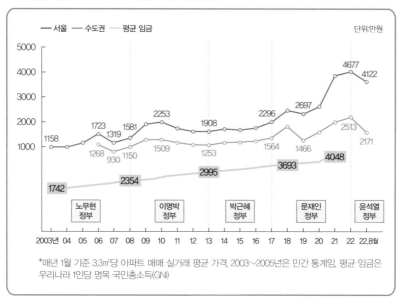

*매년 1월 기준 3.3㎡당 아파트 매매 실거래 평균 가격, 2003~2005년은 민간 통계임, 평균 임금은 우리나라 1인당 명목 국민총소득(GNI)

2017년 3월 10일, 박근혜 대통령이 파면되고 문재인 정부가 들어섰다. 문재인 정부의 주택 정책은 경기부양이나 경기조절의 수단이 아니라 '서민 주거안정 및 실수요자를 보호'하기 위한 복지정책임을 내세웠다. 그러나 결과적으로 복지정책은 실패로 끝났고 서민들의 내집 마련의 꿈을 실현시킬 가능성은 더욱더 사라졌다. 주택가격 상승의 흐름을 막지 못한 문재인 정부는 6월 19일 첫 부동산 대책을 발표하는데, 그 내용은 대출(LTV와 DTI)강화, 주택전매기간 강화, 재건축 규제 강화, 조정대상지역 추가지정 등이었다. 여전히 주택가격은 안정되지 않았다. 강남권이 주도하던 주택가격 상승의 바람은 마포, 용산, 성동으로 확대되었고 상대적으로 가격이 저렴한 편에 속했던 노원, 도봉, 강북까지 확장되었다. 여기에서 멈추지 않고 주요 광역도시로 확산되기까지 했다.

2018년에는 3기 신도시를 발표했는데, 서울 경계로부터 2km 떨어진 남양주 왕숙, 하남 교산, 인천 계양, 고양 창릉, 부천 대장에 15만5천 호를 건설하는 계획이었다. 여기에 과천지구, 안산 상록 장상지구, 용인 구성역, 안산 신길2지구, 수원당수2지구 등에 4만 3천 호를 추가 건설하기로 발표했다.

3기 신도시 건설을 통해 도심 주택공급 부족 문제를 해결하려고 하였으나, 2기 신도시도 100% 분양되지 않은 시점에서 서울과 더욱 근접한 3기 신도시를 추진하여 혼란을 가중한다는 평가를 받기도 했다.


## 분양가 상한제 부활

2019년 분양가 상한제 부활에도 주택가격은 폭등했다. 출범 후 30번 이상의 부동산 정책 발표가 있었으나, 어떤 대책이든 발표할 때마다 주택가격이 오르는 현상이 두드러졌다. 부동산 큐레이션 서비스를 제공하는 경제만랩에 의하면 정부 출범 당시 전국 민간아파트 분양가는 평당 984만원이었는데 2년 반만에 20.81%가 올라 1,189만원이 올랐다고 한다. 문정부의 부동산 정책은 공급에 대한 해결방법 없이 규제만을 가지고 부동산 가격을 잡으려고 했던 것이 부동산 정책의 실패 원인이라고 본다.

강남 개발, 재개발, 보수와 진보의 정권 교체, IMF, 세계금융위기 등의 국내외의 사회경제적 흐름에 따라 대한민국 부동산 정책은 규제 강화와 완화를 반복해왔다. 그럼에도 불구하고 전체적인 부동산 가격은 잠깐 떨어질 때가 있었지만 결국 정도의 차이만 있을 뿐 우클릭해왔다. 지난 30여 년간 강남 집값은 300.6% 상승한 것으로 알려져 있다.

| | 경제 성장률 | 사회 경제의 흐름 | 아파트 가격 증감률 | 주요 정책 |
|---|---|---|---|---|
| 박정희 | 10.3% | 경제원조와 투자단 유치 | – | 토건 개발 위주 정책 강남 개발 |
| 전두환 | 10.2% | 부동산 투기 세력 등장 | – | 규제와 완화의 반복 주택 공급 500만호 |
| 노태우 | 9.2% | 경제 활성화 추진 | – | 규제 강화 1기 신도시(200만 호) 토지 공개념 |
| 김영삼 | 8% | 장기적 하락세 | 26% | 규제 완화 부동산실명제 |
| 김대중 | 5.6% | 외환위기 | 166% | 규제 완화 택지공급 토지 공개념 폐지 |
| 노무현 | 4.7% | 경제 양극화 현상 | 94% | 규제 강화 2기 신도시 |
| 이명박 | 3.3% | 세계금융위기 | –13% | 규제 완화 보금자리주택, 반값아파트 |
| 박근혜 | 3.0% | 세계적 경기 침체 | 27% | 규제 완화 초이노믹스, 행복주택 |
| 문재인 | 2.3% | 제로금리 시대 | 53% | 규제 강화 3기 신도시 |
| 윤석열 | ? | 고금리시대 | ? | 270만호+α 주택공급/ 1기 신도시 재건축 |

* 아파트 가격 증감률은 임기초와 임기말 기준임.
** 윤석열 정부의 경제성장률과 아파트가격증감률은 임기 중이므로 비움.

# 09

# 윤석열 정부(2022~) :
# 제2의 IMF는 오는가?

## 대한민국의 복합위기, 제2의 IMF?

윤석열 정부는 '경제 위기론'을 강조하고 있다. 경기 침체의 가능성 속에 물가와 금리, 환율이 동시에 오르는 3고(高)로 인한 '복합위기' 상황이라는 것이다.

〈중앙SUNDAY〉가 2022년 봄, 주요 기업 13곳과 경제 · 경영학 전공 교수, 경제 관련 전 · 현직 학회장, 증권사 리서치센터장 등 50명(곳)을 대상으로 설문조사를 진행한 결과가 흥미롭다. 모두가 '한국 경제는 복합위기 국면'이라는 데에 동의한 것이다.

현재 한국경제가 맞은 복합위기를 2008년 글로벌 금융위기와 비교해보자. 경제지표만 놓고 보면 금융위기에 비해 현재의 상황이 절망적으로 보인다. 2008년 309조였던 국가채무는 2021년 말 약 967조으로 3배 증가했고, GDP 대비 국가채무 비율은 거의 2배 가까이 올랐다. 그래도 희망적인 측면이 있다면, 글로벌 금융위기는 사전에 예측할 수 없어 불시에 맞닥뜨린 사고나 다름없었기에 대응하기가 불가능했지만, 지금 한국이 맞고 있는 복합 위기는 대응이 가능하다는 것이다.

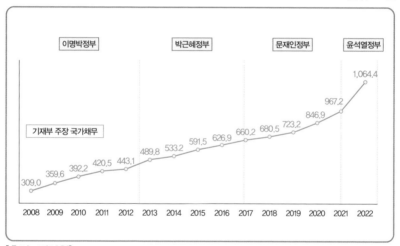

■ 정권별 국가채무                                                단위: 조원

[출처 : 감사원]

물론 현 위기의 핵심을 구조적 문제 해결로 보는 전문가들이 많기에, 단기적인 해결은 어렵다. 저출산·고령화 사회 구조적 문제과 더불어 핵심 제조업 쇠퇴가 우려되는 산업 구조적인 문제까지 겹쳐 있기 때문이다. 제

2의 IMF를 맞을지, 그때보다 더한 태풍이 불어닥칠지, 정부 차원의 대응 전략은 유효할지에 대해 많은 국민들이 주목하고 있다.


### 3고 시대, 문제는 물가다

고물가 · 고환율 · 고금리로 대한민국 경제에 적신호가 켜졌다. 각종 경제지표에서도 위기 신호를 읽을 수 있다. 한국은행 기준금리는 오르고, 4월 국내 소비자물가지수(CPI) 상승률(전년 동기 대비)은 4.8%로 13년 6개월 만에 최대 상승폭을 찍었다. 빚이 문제다. 경제3주체가 엄청난 빚을 짊어지고 있다. 2022년 말 기준 가계 빚은 1870조 원, 기업 빚은 2590조 원, 나라 빚은 1068조 원이다. 10년도 되지 않아 2배 가까이 커진 것이다. 특히 가계부채 중 52.6% 정도인 983조가 주택담보대출인데, 문재인 정부 들어 집값이 급등하자 무주택자가 대출을 통해 대거 내 집 마련에 나선 때문이다. 이 과정에서 'MZ세대'로 불리는 20~30대가 '영끌'(영혼까지 끌어모은 대출)로 집을 사면서 젊은층의 부채가 갑자기 늘어났다.

2022년 2월 24일, 러시아가 우크라이나를 침략했다는 뉴스가 나올 때까지 사람들은 지금과 같은 전 세계적인 인플레이션이 덮칠 것이라고는 생각하지 못했다. 그러나 우크라이나 · 러시아 전쟁으로 인한 국제 원자재 가격 급등과 곡물 가격 상승, 대러시아 제재, 서방을 향한 러시아의 에너지 보급 제한 등의 영향은 수개월간 몸집을 키워 글로벌 인플레이션으로 확산되고 있다. 게다가 미국은 최근 몇 년간 '제로 금리'를 유지해왔다. 금리를 제로(0) 수준으로 낮춘 것인데, 다시 말해 시장에 돈을 풀어준 것이다. 이를 '양적 완화(Quantitative Easing)'라고 한다. 이례적인 정책으로, 전문가들은 바이든 정부의 대내석인 재정확장 정책 이후 인플레이션과 세계에 미친 여파, 그리고 앞으로 이어질 회복 과정에 귀추를 주목하고 있다. 고환율도 문제다. 원·달러 환율이 상승하면 자연히 수입 원재료 가격도 오른다. 이는 결국 물가 상승으로 이어진다. 고환율이 고물가에 기름을 붓고 있는 격이다.

물가 폭등은 가장 무서운 경제지표다. 통계청의 '2022년 1분기 가계동향 조사'에 따르면, 1분기 국내 평균 소비성향은 65.6%이다. 통계 작성을 시작한 2006년 이후 최저치라고 한다. 이는 경기침체를 예고한다. 물가가 급등하면서 소비가 위축되었다는 의미이기 때문이다. 물가 급등은 '금리 인상 → 개인, 소상공인·자영업자, 기업의 도산 → 경제성장률 하락 → 경기침체'의 악순환(惡循環)을 일으킬 가능성이 크다. 게다가 물가는 한 번 오르기 시작하면 쉽게 잡히지 않고, 물가가 오르면 금리 인상이 불가피하다.

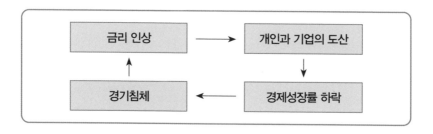

문제의 키는 금리가 아니라 물가이다. 물가 폭등이 일단 일어나면 금리

인상 외에 다른 선택지는 없다. 금리 인상의 부작용을 감수하는 것을 선택할 수밖에 없다. 그 어떤 부작용보다 물가 폭등에 따른 부작용이 심각하다는 것이 전문가들의 목소리이기 때문이다.

## 물가 폭등에 따른 금리 인상, 부동산 시장 거래 절벽

인플레이션 악화를 우려한 미국 연방준비제도(Fed)는 금리를 큰 폭으로 올리고 있다. 한국은행 역시 기준금리를 큰 폭으로 올리고 있다. 앞의 설문에서도 응답자 중 80%가 미국보다 금리를 높게 유지해야 한다고 이야기했다. 이는 시중은행의 대출 금리의 상승으로 이어진다.

일반적으로 금리 인상으로 돈이 묶이면 주식, 부동산, 가상화폐 등의 자산 가치가 떨어진다. 최근 부동산 시장에서는 '금리 연 7%'가 핫한 키워드였다. 한국은행이 기준금리를 연 3%로 올리면서 주요 시중은행의 고정형 주택담보대출금리는 7%를 돌파했다. 시장에서는 7%를 넘어 연 8%대까지 진입할 거라는 전망이 나오고 있다. 이는 당연히 집값에도 큰 영향을 미친다. 금리가 오르면 대출 이자 부담이 커지므로 레버리지 투자를 하기 어렵다. 이는 수요가 줄어든다는 의미이므로 집값은 떨어질 수 밖에 없다는 전망이 있다. 고금리는 부동산 시장에 가장 강력한 위협을 가한다.

물론 금리상승이 집값 하락에 영향을 미치지는 않는다는 분석도 있었다. 집값이 정해지는 데는 대출뿐 아니라 규제, 공급 등의 다양한 요인이

작용하기 때문이다. 실제로 2004년 이후 한국은행은 기준금리를 3.25%에서 5%까지 올렸지만 집값이 올랐던 적이 있다.

그러나 시중금리 연 7%는 2009년 이후 13년 만에 일어난 일이다. 5~6%대와는 다르게 7%대로 진입하면서 수요자들의 동요가 거세지고 있다. '고금리'라는 인식이 있는 것이다. 게다가 이미 집값이 오른 상태이기 때문에, 대출 규모 역시 커졌으므로 과거의 7%와 이번 7%는 체감적으로 차원이 다르다. 기준금리 3%대 역시 10년 만에 일어난 일이다. 5연속으로 금리를 인상한 것도 사상 최초이며, 한번에 0.5%p씩 인상하는 '빅스텝'을 2연속 단행했다. '물가 잡다가 사람 잡겠다'는 말이 나오는 것도 엄살만은 아니다.

■ 한미 기준금리 추이

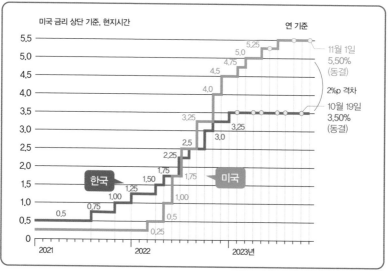

[출처: 연합뉴스, 김영은, 원형민 기자]

부동산 시장은 얼어붙었다. 서울부동산정보광장에 따르면 2022년 1~8월 서울 아파트 거래량(계약일 기준)은 총 9,648건으로 지난해 같은 기간(3만7천268건)의 25.9%였다. 2006년 실거래가 조사 이래 최저치를 찍었다. 한국부동산원 조사에 따르면 10월 12일 기준 서울 아파트값은 19주 연속 하락했고 낙폭도 10년 만에 최대라고 할 수 있다. 게다가 정부의 세제 완화 조치가 유예되는 와중에, 다주택자 양도소득세 중과 유예기간 집을 팔려는 사람들이 몰리면서 매물이 증가하고, 금리 인상에 압박을 받은 실수요자들이 주춤하면서 집값은 하락하고 있다.

### 문제는 국회다
### 5년간 270만 호 주택공급 가능할까?

■ 윤석열정부 270만 가구 주택공급계획 현황

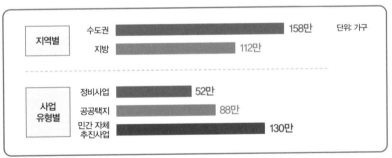

[출처: 국토교통부]

2022년 하반기부터 불어닥친 건설경기 침체로 공급 물량이 크게 줄어들며 윤석열 정부의 첫 공급대책인 '국민 주거안정 실현방안, 8·16 대책',

5년간 270만 가구 공급이 난항에 빠졌다. 2023년 9월 국토교통부에 따르면 올해 1~8월 주택 인허가는 21만 2,751가구, 착공 실적은 11만 3,829가구로 1년 전 대비 각각 38.8%, 56.4% 급감한 것으로 나타났다. 이에 정부는 9월 26일 '주택공급 활성화 방안' 발표와 함께 국회에 재건축 초과이익 환수법 개정안, 분양가상한제 아파트 실거주 의무 폐지를 위한 주택법 개정안 그리고 노후계획도시 정비 · 지원 특별법(1기 신도시 특별법)과 도심복합개발지원법 제정 등 법안의 신속한 처리를 요구했다.

이번 공급대책에는 신규 발의되는 법안도 다수 포함됐다. 주택법 개정안(주택사업 승인 통합심의 의무화), 학교용지법 개정안(학교 용지 부담금 면제 대상 확대), 건설산업기본법 개정안(건설공제조합 PF · 모기지 보증 신설), 도정법 개정안(특별건축 구역 지정 절차 간소화, 전자적 의결 도입) 등이다.

■ 2023. 9 · 26 주택공급정책에 포함된 입법 사항

| 법안 | 내용 |
| --- | --- |
| 재건축초과이익 환수법 | 재건축부담금 부과기준 현실화 등 |
| 주택법 | 실거주 의무 폐지 |
| 도심복합개발 지원법 | 도심복합사업 추진 민간에 허용 |
| 노후 신도시 특별법 | 안전진단 면제 · 완화 용적률 상향 등 특례 |

[출처 : 국회 의안정보시스템]

문제는 국회다. 여야 대치 상황과 여소야대 상황에서 야당의 집단행동에 국회 문턱을 넘지 못하고 있다. 결국 정부와 국회의 엇박자로 현장에서

는 정부 정책 효과를 기대할 수 없다는 생각이 지배적이다. 이대로 가면 2~3년 후 주택공급이 불안한 시장이다. 국회는 주택공급 정책이 빠르게 실행될 수 있도록 입법 완료를 서둘러야 한다. 그렇지 않으면 우리가 과거 정부별 부동산 정책에서 알 수 있듯이 때를 놓치고 또다시 부동산 공급량 부족으로 주택가격이 다시 올라가고 전체적으로 주택시장이 흔들리는 악순환이 반복될 것이다.

■ 민간주택공급 활성화 계획 주요 내용(2023. 09. 26)

| 사업여건 개선 | • 공공택지 전매제한 1년간 한시 완화(계열사 간 전매 금지 조건)<br>　– 기존 토지소유권 이전 등기 후 가능 → 택지 계약 후 2년부터 1회 한정 전매 허용<br>• 분양사업의 임대사업 전환 지원<br>• 표준계약서 활용해 민간 공사비 증액 기준 마련 |
|---|---|
| 자금조달 지원 | • 프로젝트 파이낸싱(PF) 대출 보증 확대<br>　– 보증규모 15조 원 → 25조 원 확대, 대출한도 전체 사업비의 50% → 70% 확대<br>　– 시공사 도급순위 요건 폐지 등 PF보증 심사기준 완화<br>• PF 금융공급 확대<br>　– 정책금융기관의 건설사 보증 · P – CBO 매입 한도 3조 원 추가 확대(총 7,2조원 이상)<br>　– PF 정상화 펀드 1조 원 → 2조 원 이상으로 확대<br>　– 캠코펀드 규모 1,1조 원으로 확대 조성(기존 1조원)<br>　– 금융권 자체 1조원 규모 펀드 조성<br>• 중도금 대출지원<br>　– HUG 중도금대출 보증 책임비율 90% → 100%로 확대 |
| 비아파트 사업 지원 | • 자금조달 지원<br>　– 연립, 다세대 등 건설자금기금에서 1년간 7,500만원 한도 한시적 지원<br>　– 공공지원 민간임대로 건설 · 활용 시 기금지원 대출한도 확대(최대 1,2억원 → 1,4억원)<br>　– 임대형기숙사를 임대주택 등록 대상에 포함해 세제 · 기금 등 지원<br>• 규제 개선<br>　– 청약 무주택 기준확대<br>　소형주택 기준가격: 수도권 1,3억원 → 1,6억원 / 지방 0,8억원 → 1억원<br>　적용범위: 민영주택 일반공급 → 민영 · 공공주택 일반 · 특별공급<br>　– 역세권 도시주택에 공유 모빌리티 활용 시 주차장 확보 기준 완화 |

[출처 : 국토교통부]

■ 국민 주거안정을 위한 주택공급 확대 및 건설경기 보완방안(2024. 01. 10)

| | | |
|---|---|---|
| **도심 공급 확대** | 재건축 · 재개발 | ① 사업속도: 패스트트랙 도입<br>② 진입문턱: 정비사업 추진 요건 완화<br>③ 사업성: 초기 자금지원, 재건축 부담금 추가 합리화<br>④ 중단 없는 사업: 공사비 갈등 완화 |
| | 1기 신도시 재정비 | ① 신속하고 내실 있는 계획 수립<br>② 노후계획도시 정비 사업여건 획기적 개선<br>③ 공공의 역할은 충실히, 차질 없이 이행 |
| | 소규모정비 · 도심복합사업 | ① 진입문턱: 사업 가능 지역 확대<br>② 사업속도: 절차 간소화 및 참여유인 제고<br>③ 사업성: 인센티브 및 자금지원 강화<br>④ 광역 정비: 미니 뉴타운 지원 확대 |
| **다양한 유형의 주택공급 확대** | 공급 여건 개선 | ① 도시 · 건축규제 완화　　② 세제 · 금융지원 |
| | 활용도 제고 | ① 구입 부담 경감　　② 등록임대 사업 여건 개선<br>③ 기업형 장기임대 활성화　　④ 신축매입약정 확대 |
| | 전세사기 예방 및 피해지원 | ① 보증금 피해 경감 지원　　② 피해자 주거 지원 강화<br>② 종합 지원체계 강화　　④ 철저한 전세사기 예방 |
| **신도시 등 공공주택 공급** | 공공주택 공급 확대 | ① '24년 공공주택 14만호+α 공급<br>② 공공주택 민간 참여 확대 |
| | 3기 신도시 등 공공택지 | ① 물량 확대: 신규택지 2만호, 수도권 신도시 3만호<br>② 신도시 조성속도 제고 |
| **건설경기 활력 회복** | 자금조달 및 유동성 지원 | ① PF대출 지원　　② 유동성 지원 |
| | 공공지원을 통한 민간 애로 해소 | ① 지방 사업여건 개선　　② 공공임대 참여지분 조기 매각 |
| | 사업장별 갈등 해소 지원 | ① 공적 조정위원회<br>② 민간 사업장 공공 인수<br>③ 정상화 펀드 |
| | 건설사업 관련 리스크 완화 | ① 공사 재개 지원<br>② 수분양자 보호<br>③ 협력업체 보호 |
| | 건설투자 활성화 | ① 재정 조기집행　　② 민자사업 확대 |

[출처 : 국토교통부]

# PART 3

# 대한민국 부동산,
# 어떻게 가야 하나?

지난 내용에서 대한민국 부동산의 전체적인 흐름과 역사를 보았다. 디벨로퍼란 단순히 건물을 지어 파는 사람이 아니다. 진정한 디벨로퍼란 부동산 시장을 이끌어가는 오케스트라의 지휘자라고 생각한다. 서울, 대한민국, 세계까지 볼 수 있는 장기적인 관점과 넓은 시야를 가져야 한다. 이 파트에서는 이런 마음가짐으로 살아온 디벨로퍼로서 느끼고 생각한 대한민국 미래 부동산의 방향을 제시해본다.

## 대한민국 부동산은 특별하다

대한민국 부동산은 특별하다. 우리의 주거 환경과 현재의 부동산 시장으로 형성되어온 과정에는 100년도 되지 않은 시기에 일어난 변화로 인한 대한민국의 역사적 역동성과 혼란스러웠던 사회 현상들이 녹아 있다. 그렇기에 주거환경은 단순히 의식주가 아니라 사회적 맥락 속에서 파악할 수 있다.

그동안 만성적인 주택부족현상으로 인해 수많은 정권들이 대량 주택 공급에 힘써왔다. 그러나 이제 와서 돌아보니 그것은 삶의 터전이 아니라 단순히 숫자를 맞추려는 정치·경제적 힘의 논리가 만들어낸 산물에 불과한 것 같다.

대한민국 부동산의 역사는 내 집 마련의 역사나 다름없었다. 국민들의 염원인 내 집 마련을 가능하게 하기 위해 삶의 질 보다는 주택의 물량 확보에 주력하였고, 이를 위한 정책은 신중히 검토되지 못한 채 그때그때 터지는 문제만을 막는 미봉책이 되어왔다. 정권이 교체될 때마다 힘의 논리에 의해 정책은 계획되고 추진되고 폐기된 후 이름만 바꾸어 재추진 하는 경우가 많았다. 지금도 부동산 시장은 요동치고 있다.

때문에 건설업계에서는 장기적인 시각으로 '좋은 상품'을 만들어내지 못하였고 이는 대한민국 국민 전체 주거의 질에 악영향을 끼쳤다. 집을 살 수는 있더라도 그곳이 자신의 삶의 터전인가 하는 문제는 뒤로하게 된 것이다. 이렇게 우리의 주거환경은 양적 성장의 과정을 거치면서도 질적으로는 크게 향상되지 못했다. 도시에는 다세대·다가구 주택·아파트가 난립하고 대단지 아파트들은 과밀화 되어 숲을 이루고 있다. 모든 주택과 아파트들이 비슷한 구조를 가지고 있으며, 각 세대나 개인의 니즈는 반영되지 않는다. 서울 근교에는 인프라 시설이 부족한 신도시들이 들어서고, 논밭 한 가운에 뜬금 없이 우뚝 서 있는 아파트는 더 이상 드문 광경이 아니다.

현재 국민이 원하는 부동산 정책은 간단하다. 정확한 데이터에 입각한 실질 수요자 니즈에 따른 맞춤형 주택공급이다. 현실과 시장경제를 외면한 이념적 부동산 정책은 더이상 자유주의 시장에 통하지 않는다. 정부 주도형의 주택 공급이 아니라 이제는 과거 정부들의 공과 사를 정확히 분석하여 시장 경제에 맡겨야 한다. 윤석열 정부는 과거의 정부와 달라야 한다. 복합 위기로 출발된 정부인만큼 수요에 부응하는 면밀한 부동산 정책_주거안정, 부동산 세제, 주택금융 그리고 주거복지를 아우르는 청년층과 서민과 중산층 그리고 상류층 등 다양한 주택공급을 위한 과감한 규제완화 등 행정 지원이 절대적으로 필요한 시점이다.

01
___

# 서울시 도시정책
# 과거와 현재

## 1960~70년대 도시환경정비사업

한국전쟁 직후 대한민국은 정치 · 사회적 혼란기를 맞으며 서울의 물리적 환경은 점차 악화되었다. 서울의 도시화는 1960년대부터 이루어졌다. 60년대 초반 서울은 도시로 몰려드는 이농 인구의 급속한 성장을 가져왔다. 이들은 빈곤을 피하고 일자리를 구하기 위해 도시로 몰려드는 이주민들로 영세 하청업자나 건설 같은 산업구조의 최하층의 임시 고용자로 도시 빈민 생활을 할 수밖에 없던 시대였다. 당시 서울은 이들을 수용할 주택 부족으로 이농 인구는 세를 살거나 무허가 판잣집을 짓고 집단 거주하게 되었다. 이로 인해 1960년대 도시정비사업이 등장한 배경에는 인구 유입이 주로 도심지 및 그 주변의 구시가지에 집중됨에 따라 도심 과밀화가 직접적인 원인이었다고 판단된다.

서울시는 1971년 『도시계획법』에 의해 정비사업을 실행할 수 있는 제도적 기반이 마련되었고, 1976년 『도시재개발법』 최초로 제정되어 도심재개발 사업을 본격적으로 추진하게 되었다. 결국 1960~70년대 이 시기의 정책 방향은 전면철거재개발을 통해 도로, 주차장, 공원 등 기반시설을 확보하면서 현대식 고층건물을 건설하는 등 낙후된 도심부를 현대화하는 것이었다.

1970년대 이후 도시환경정비사업의 정비방식은 전면철거 재개발방식 위주로 진행됐다. 이로 인해 도심 고유의 특성 및 장소성이 사라졌고, 고층고밀 개발로 도심환경 악화 등의 문제로 옛 도시조직을 유지·보존하면서 지역을 정비해가는 수복형 정비수법으로 전환되었다. 수복형 정비수법은 지역의 특성과 장소성을 유지·보존하면서 노후한 건축물과 취약한 도시환경을 점진적으로 정비하는 '소단위 맞춤형 정비수법'이다. 소단위란 개발의 단위를 작게 하여 몇 개의 필지가 모인 단위를 말하며, 맞춤형이란 그 지역의 독특한 물리적 환경과 기능적 특성 등에 맞추어 정비하는 것이다.

과거 박원순 시장은 동대문부터 세운 구역의 소단위 맞춤형 정비사업 추진으로 높이와 용적률을 낮추고 최대 개발 규모를 한정한 도시재생사업에 중점을 둔 개발정책을 펼쳤다. 이는 기존 철거 재개발 현장과 대비하여 소규모 개발로 전락하였다. 이는 전면철거 재개발로 개발되던 건축물들이 기존 옛길 살리기로 대체되었다. 이로인해 1층 파사드 내에 이형 평면이 만들어지고, 옛 골목길을 오피스 1층에 구현하여 코아를 강제로 옮겨 지하 주차장의 모듈이 깨지며 불편한 동선을 만들어야 했던 웃지 못할 일들이 벌어졌다.

동대문 인근 지역 후면부는 높이가 100m에서 30m로 하향 조정되고 세운 구역은 하나의 건축물을 3~4개로 분리하여 평면계획에서 불합리한 구조로 설계를 해야 하는 일들이 발생했다. 그 영향으로 사업을 진행 못해 10년 이상 표류하는 상황이 일어났다. 그런데 오세훈 시장이 들어서서 다시 높이와 용적률을 완화하고 소규모 필지를 합하여 소규모 통합개발을 할 수 있도록 법을 개정하였다. 이로 인해 4대문 안의 도시정비사업이 활로를 찾게 되었다.

서울시는 1975년 이후 고밀도개발정책으로 선회하여 도시재개발법을 제정하고 아파트지구를 지정했다. 아파트지구가 지정된 이후로 한강변에 대단위 아파트 개발이 이루어졌다. 1980년대 이후 한강변 아파트에 중상류 계층이 입주하기 시작했다. 또한 1970년대 들어 정부와 서울시는 폭발적으로 증가한 강북 인구를 분산시키기 위해 강북 개발을 억제하고 새로운 대안 공간을 확보해야 했다. 이를 위해 강남 지역에 신개발을 촉진하는 '남서울계획'을 통해 강남(영동)개발이 본격화되었다. 강남북 인구수를 5:5로 맞추며 강북의 중심기능을 강남으로 이전 분산시킨다는 정책이었다. 이렇게 강남(영동)이 탄생하게 되었다.

〈도시환경정비사업 시대별 발전과정〉

1962년 『도시계획법』 제정

1971년 『도시계획법』에 집단적인 정비사업을 시행할 수 있는 조항 신설
(1973년 도심재개발구역 11개 지역 지정)

1976년 『도시재개발법』 제정

1982년 『도시재개발법』 개정

1990년 『서울시 도시기본계획』 수정을 반영하여 여등포, 청량리 등 부도
심 재개발

1995년 『도시재개발』 전면 개정

1998년 『도심재개발 제도 정비 및 활성화 방안』

2000년 『도심부 관리 기본계획』이 수립

2002년 『도시 및 주거환경정비법』 제정

2004년 『청계천 복원에 따른 도심부 발전 계획 수립』

2007년 『도심부재창조 종합계획 수립』

2012년 『도시 및 주거환경정비법』 개정(사대문안 수복재개발방식으로
전환)

2016년 도심부 최고높이 체계 도입으로 높이 제한

■ 한림건축그룹 도시정비형 재개발사업 프로젝트 현황

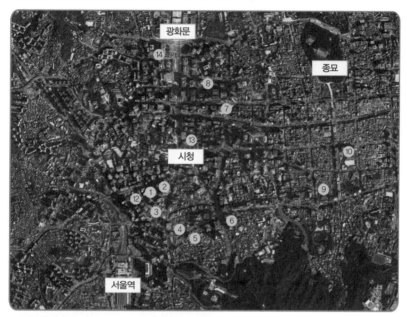

① ENA스위트호텔(서소문 8-2) ② ENA Center(서소문 6) ③ 서소문 도시정비계획 변경(11-1지구) ④ 회현동 주상복합(회현2-3) ⑤ 도시환경정비사업(남대문구역7-1) ⑥ 스테이트타워남산(회현2-1) ⑦ 청진8지구 업무시설 ⑧ 스테이트타워광화문(청진5지구) ⑨ 세운6-2-24구역 도시정비형 재개발사업 ⑩ 세운6-3-3구역 도시정비형 재개발사업 ⑪ 마포4구역 도시정비형 재개발구역 정비계획 변경(4-15) ⑫ 서소문동 58-9 ⑬ 무교다동 도시정비형 재개발 사업 제29지구(을지로 1가 16번지) ⑭ 수송 도시정비형 재개발사업 제1-3지구(종로구청사)

## ■ 한림건축그룹 도시정비형 재개발사업 프로젝트 현황

| | 사업명 | 연면적(㎡) | 용도 | 규모 | 발주처 | 수행업무 | 용역업무 |
|---|---|---|---|---|---|---|---|
| 1 | ENA 스위트 호텔 (서소문 제8-2지구) | 14,135 | 숙박시설 | B6~23F | 상진공영(주) | 설계/감리/ 관리처분정비 계획변경 | 2012.09.~ 2017.11. |
| 2 | ENA Center 빌딩 (서소문 제6지구) | 28,096 | 업무시설/ 근린생활시설 | B6~20F | 상진공영(주) | 설계/감리/ 도시정비 계획변경 | 2012.08.~ 2014.06. |
| 3 | 서소문 도시정비형 재개발사업 제 11,12지구 정비계획 결정 변경 용역 | 137,257.80 | 업무시설/ 판매시설 | B7~35F | 시빅센터피에프 브이 | 도시 정비계획 변경 | 2023.05. ~ 2023.09. |
| 4 | 중구 회현동 주상복합 (회현 제2-3지구) | 79,979 | 업무시설 | B6~33F | ㈜해창 | 관리처분계획 | 2010.07.~ 2010.07 |
| 5 | 도시환경정비사업 (남대문구역 제7-1지구) | 19,519 | 숙박시설/ 업무시설 | B6~17F | 이지스 | 설계/감리/도시 정비계획변경 | 2015.06.~ |
| 6 | 스테이트타워 남산 (회현 제2-1지구) | 66,799 | 업무시설/ 근린생활시설 | B6~24F | ㈜벽진 씨앤디 | 설계/감리/PM 도시정비 계획변경 | 2006.11.~ 2014.09. |
| 7 | 중구 청진동 업무시설 (청진 제8지구) | 51,751 | 업무시설 | B6~24F | 지엘 메트로시티 | CM | 2012.07.~ 2015.04. |
| 8 | 스테이트타워 광화문 (청진 제5지구) | 40,991 | 업무시설/ 근린생활시설 | B6~23F | 코람 코자산신탁 | 설계/감리/ 도시정비 계획변경 | 2009.06.~ 2013.02. |
| 9 | 도시환경정비사업 (세운 제6-2-24지구) | 32,370 | 주상복합/ 숙박시설 | B6~14F | 솔라고개발 | 설계/감리/ 도시정비 계획변경 | 2017.04.~ |
| 10 | 도시환경정비사업 (세운 제6-3-3지구) | 63,251 | 공동주택/ 근린생활시설 | B6~20F | 한건설 | 설계 | 2016.09.~ |
| 11 | 신촌지역 마포4구역 제4-15지구 도시정비형 재개발구역 정비계획 결정(변경) | 36,080 | 도시형 생활주택/ 근린생활시설 | B6~21F | 제이디 코리아에셋 | 도시정비 계획변경 | 2020.03.~ |
| 12 | 중앙일보사옥 서소문 11,12지구 (서소문동 58-9) | 122,053.97 | 업부시설/ 판매시설 | B7~20F | 시빅센터 피에프브이 | 도시정비 계획변경 | 2021.03.~ |
| 13 | 무교다동 도시정비형 재개발사업 제29지구 (을지로 1가 16번지) | 25,772.69 | 업무시설/ 판매시설/문화 집회시설 (전시장) | B5~22F | 포스코와이드 | 도시 정비계획 변경 | 2022.04. ~ |
| 14 | 수송 도시정비형 재개발사업 제1-3지구 (종로구청사) | 83,553.62 | 업무시설 | B5~16F | 운생동건축사 사무소 | 도시 정비계획 변경 | 2023.03. ~ |

### 한림건축그룹 첫 번째 도시환경정비사업(재개발사업)
### 중구 스테이트타워 남산: 당시 가장 비싸게 팔렸던 하이엔드 프라임 오피스

한림에서 진행했던 높이 110m, 용적률 1,000%의 회현 스테이트 타워 프로젝트가 있다.

2012년 영화 〈타워〉에서 스카이 타워를 건설한 조회장(차인표)이 머무른 장소, 영화 '베테랑(2015)'에서 재벌가들의 클럽 파티 룸 현장, TV 드라마 〈이태원 클라쓰〉에서의 장회장의 화려한 집무실과 빌딩 로비의 럭셔리 공간은 바로 스테이트타워 남산이다.

약 48필지의 소규모 필지들을 합쳐 대지 면적이 4,676.60㎡, 1,400평으로 연면적이 66,799㎡에 달한다. 용적률 1,000%, 높이 110m로 올린 순수 오피스 건물이다. BMW코리아가 이 건물에 입주해 있다. 서울 도심 대표적인 업무중심지역(CBD) 중구 퇴계로 명동역에 우뚝 선 스테이트타워 남산은 당시 빌딩 내에 최상급의 휘트니스 센터, 풋 스파, 카페테리아, 베이비 케어, 미용실, 회의실 등 호텔에 준하는 차별화된 서비스가 제공되는 최고급 호텔식 오피스로 평판이 자자했다. 마치 〈타워〉의 조회장 말처럼 부동산시장에 새로운 패러다임을 보여주는 견본처럼 최고의 가격에 최고의 서비스로 소비자들과 투자들의 이목을 집중시켰다. 또한 26층 최고의 전망에서 식음, 회의 그리고 휴식이 가능한 맴버쉽 전용의 '더스테이트 룸'을 운영하며 입주사들과 입주자들에게 큰 호응을 얻으며 랜드 마크로 자리했다. 신세계 백화점 지하와 연결 통로를 만들고 남산 케이블카로 올라가는 방향으로 보행자 통로를 시원하게 열어주었다.

해당 사업은 정비사업의 한 종류인 '도시환경정비사업(현재는 '재개발사업'으로 명칭이 통합됨)'으로 노후되고 기반시설이 불량한 도심의 재정비가 목적이다. 현재는 여러 차례의 제도개선을 통해 규정 및 법규의 완성도가 높아졌지만 당시는 관련 규정 및 법규에서 정해지지 않은 사안이 빈번하게 발생하고 절차가 복잡했다. 사업을 착수하기 전에 다각도의 깊이 있는 점검을 해야만 했다. 여러번에 걸쳐 충분한 검토를 마치고 서울시 최고의 프라임 오피스로 개발하기로 사업계획을 확정한 뒤 관련 부처와 인허가를 추진하던 중 예상치 못한 일이 발생했다.

'도시환경정비사업'의 시행을 위해서는 기반시설 정비를 위해 의무적으로 정해진 정비기반시설 부담률이 있다. 그런데 중구청의 행정처리 착오로 정비기반시설 설치 완료를 위해 애초에 정해진 부담률은 21.56%였지만 200억 정도를 더 부담해 35.93%를 부담해야 한다는 것이다. 즉 14.37%를 초과부담하라는 것이었다. 초과 부담률을 처리를 위해 구역내 정비기반시설로 지정된 토지 매입 확보를 해야했다. 첫째 예산확보이고 다음은 추가 부담면적을 맞출 수 있는 토지를 매입해야 하는 까다로운 문제를 풀어야 했다.

회현 2-1 지구에 현재 미개발용지 렉스호텔 한 부지가 남아 있다. 그 당시 이 부지는 전혀 개발 의지가 없었다. 개발사업은 늘 사업의 타이밍을 맞추기 위한 시간과의 싸움이기 때문에 돈과 시간 중에 선택해야 한다면 대부분 시간이 유리한 조건을 선택하곤 한다. 바로 매입 가능한 토지의 대부분은 사업지와 떨어진 곳에 위치했지만 시간이 지체된 상황이라 서둘러

■ 스테이트타워 남산

매입하고 공사를 착공할 수 있도록 인허가를 완료하면서 착공을 할 수 있었다. 그러나 그 과정에서 개발 시행사는 시행 이익의 30% 이상 손실 처리했고 용적률 인센티브는 받을 수 없었다.

몇 년이 지나 준공을 앞두고 정비기반시설 부담면적의 문제가 다시 한 번 불거졌다. 우리 사업지의 진출입 도로의 기반시설 면적 중 미확보가 확인되어 준공이 안될 수 있다는 것이다. 결국 기존에 확보하기 위한 기반시설면적 중 국·공유지를 변경하고 또 다시 길 건너편 중국집과 접한 도로 부분 매입을 위해 비용과 시간을 들여 준공을 하게 되었다. 준공을 마친 지 8년이 지났지만 현재까지도 도로가 기이한 형태로 남아있다. 디벨로퍼 입장에서 이런 경우 지자체 도시계획시설 도로로 수용하여 도로 폭이 정리되어야 함이 마땅하다는 생각이 든다.

스테이트타워 남산은 가장 기억에 남는 프로젝트다. 이 프로젝트를 통해 나만의 개발 사업 원칙을 세웠을 뿐 아니라 한림건축이 부동산 시장에서 인정받는 계기가 되었다. 이를 발판으로 '청진5구역 도시환경정비사업', '서소문ENA센터'와 같은 굵직굵직한 프로젝트를 수주할 수 있었다.

'스테이트타워 남산'프로젝트는 토지 정리 및 매입, 설계 그리고 감리에 이르기까지 결국 수작으로 한림건축그룹 도시환경정비사업 1호가 되었다. 내가 디벨로퍼로써 종합부동산서비스라는 패러다임의 기준점을 스스로 만들었던 결정적 프로젝트가 되었다. 그것은 다름 아닌 '개발이 곧 기여'라는 생각으로 개발 이익을 공공이 함께 누릴 수 있다는 나름의 원칙을 세운 것이다.

민간업체가 개발을 할 때는 기본적인 법규 테두리에서 사업을 진행한다. 회현 2-1의 경우 도시환경정비사업의 기반시설 분담률을 확보했음에도 불구하고 해당 관청의 실수를 민간업자에게 부담시키며 그 부담에 다른 인센티브 없이 임의규정에 따른 행정처리가 있어서는 안되겠다는 생각을 가졌던 프로젝트였다.

지금도 현장에 가보면 롯데 아파트를 출입하는 주민들은 갑자기 4차선에서 1차선 도로로 줄어드는 불편함을 감수하며 살아가고 있다. 이런 부분에 있어 중구와 서울시의 적극적인 행정 처리가 필요하다고 생각한다. 렉스호텔(회현2-4부지) 부지는 사업의 의지가 없으므로 도시계획시설 도로 확장 사업으로 진행하는 것이 맞지 않을까 싶다.

[출처 : 한림건축그룹]

## 한림건축그룹 두 번째 도시환경정비사업 : ENA 센터

'ENA 센터'는 대지면적 1,988.10㎡, 연면적 2만 8,096㎡에 지하6층~지상 20층, 높이 88.65m 규모의 업무용 오피스다. 'ENA 센터'는 서소문 구역 6지구 도시 경관을 새롭게 단장하는 서울시 경관기본설계지침에 의거 종합부동산서비스를 지향하는 한림건축그룹의 진가를 발휘한 건축물이 됐다.

건물배치는 도심부 고유의 특성이 재현되도록 역사적 흔적과 도시 구조를 적극 반영했고, 주변의 경관자원 및 지역 특성을 고려한 스카이 라인이 형성됐다. 설계 디자인 컨셉으로 건물의 외관은 세 가지 키워드 상징성, 가변성 그리고 경제성을 반영했다. 단순한 형태를 벗어나 매스 그리고 모듈의 조화로 안정적이며 진취적인 디자인으로 설계됐다. 'ENA 센터'는 업무 오피스로 가변적인 공간 설계로 공간의 효율성을 극대화했고, 마지막으로 친환경 건물의 취지에 맞도록 열부하 감소를 통한 에너지 절약이 적극 반영된 경제성이 고려되었다. 또한 서울시가 재개발 유형에 따른 용적률 인센티브 차등 적용을 최대한 활용해서 건물의 용적률을 극대화 시켰다.

예를 들면 용적률 1,000%의 건물인 ENA호텔은 높이를 완화하면 건축계획에서 다양한 평면 구성을 할 수 있다. 이런 건물들이 시장성이 있다. 시장성이 있다는 것은 사업성이 있다는 것이고, 사업성이 있으면 사람들은 저절로 모이게 된다.

그러나 높이가 완화되더라도 층수를 낮게 짓는 경우도 있다. 통상적으로 오피스 건물은 사무실의 책상 배열 문제로 최소의 필요한 폭이 있다. 그리고 상업지역에서 판매시설의 경우 저층부의 높은 임대 수익성으로 도로에 접하는 방식으로 많이 계획을 한다. 그러다보면 용적률에 따른 면적을 하부층에서 많이 사용하게 되어 지상층 높이가 낮아지는 경우가 있다. ENA빌딩의 경우 높이가 110m임에도 불구하고 90m을 사용한 경우다.

정부 정책의 규제 사항에 있어 높이와 용적률을 숫자로만 규제해서는 안 된다는 사례를 알 수 있다. 오피스의 경우 1개층 바닥면적이 필요로 하는 적정 면적이 있어서 높이가 완화되더라도 그 층수를 다 찾지 않을 수도 있다는 것이다. 따라서 높이 · 용적률 완화를 숫자로 정할 것이 아니라 유연하게 운영할 필요가 있다.

■ 서소문 6지구, ENA센터

110m

90m

[출처 : 한림건축그룹]

# 서울 관수동 도시정비형 재개발사업 정비계획(안)의 개발 사례

■ 정비계획 결정(안)도

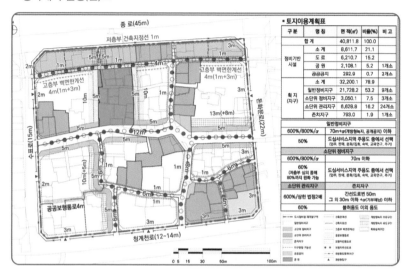

■ 정비계획 결정(안)도

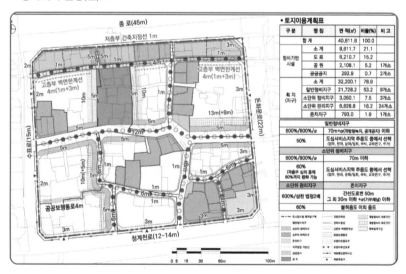

■ 한림건축그룹 소규모개발(지구분할 가능선) 부지(전)

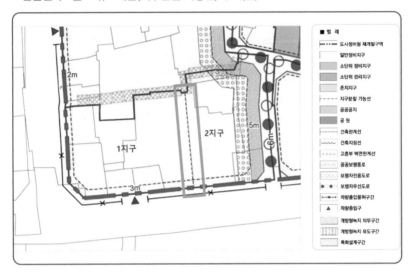

■ 한림건축그룹 통합개발(지구분할 가능선 삭제) 부지(후)

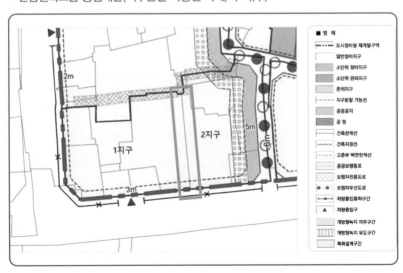

개발 예산에 맞추어 사업을 진행하던 중 지구분할 가능선이 삭제되어 통합 개발로 계획이 수정되는 바람에 사업을 멈추는 일이 발생했다. 토지 가격을 평당 1억~3억 원을 요구하기 때문에 500평 더 매입하면 약 1,000억 원 내외의 예산을 투입해야 한다. 왜 이런 일이 발생할까? 관수동 정비계획을 보면 처음에는 소규모개발이 가능했다. 이를 다시 통합 개발로 변경하라는 이유는 소규모개발로 도시의 미관을 해칠 수 있다는 첫 번째 이유다.

예를 들어보자. 세운상가의 경우 오세훈 시장의 뒤를 이은 박원순 시장이 도시정책을 도시재생 소규모개발로 바꾸면서 세운재정비구역의 녹지

■ 세운상가에서 본 힐스테이트 세운

[출처 : 한림건축그룹]

축이 사라지고 옛길 살리는 방향으로 소규모 필지로 개발계획이 수정되어 최대 높이도 110m에서 90m로 바뀌고, 용적률도 1,000%에서 800% 이하로 조정되어 사업이 중단되는 사태가 벌어졌다. 세운 구역은 10년 동안 개발을 할 수 없는 상황에 놓이게 됐다. 이로 인해 기존의 프로젝트들은 PF 진행으로 어쩔 수 없이 사업의 손실을 감수하고 용적률과 층수를 낮추며 진행할 수밖에 없었다. 개발된 사업장에 가보면 이전에 개발했던 다른 부지와 비교해 시원한 공간감, 공개공지, 녹지를 찾아볼 수가 없다. 그리고 보행자 동선에서 건물을 바라보면 장벽이 쳐진 빼곡한 건물 덩어리를 볼 수밖에 없다. 그 이유는 높이 제한으로 건물을 낮고 뚱뚱하게 지을 수밖에 없었기 때문이다. 정책 입안자들은 한번 결정된 정책이 이런 현실로 시장에 적용되는 것을 인식하여 매우 신중하게 접근해야 한다. 관수동의 경우 지구분할 가능선을 통해 소규모 개발했을 때 용적률 및 높이 완화가 쉽지 않고 작은 규모의 건축물들이 다수 입지하여 도시 경관상 좋지 않다는 이유로 통합 개발을 하면 높이 및 용적률 완화가 용이하다는 이유로 삭제된 사례다. 그러나 도시는 살아있는 생물과 같아서 지구분할 가능선을 유연하게 적용하여 통합 개발도 할 수 있고 단독으로도 개발할 수 있게 된다면 시장에서 자연스럽게 정리될 것으로 본다.

서소문로 ENA센터 사례를 보면 오피스 빌딩은 적정규모의 바닥면적이 필요하다. 사무공간의 적정 사이즈가 있기때문에 적은 면적으로 높게 지을 수도 없고 넓은 면적으로 낮게 지어서도 안 된다. 대지면적에 따라 다르겠지만 전용면적 약 250~300평 정도가 기준층 면적으로 유효하다. 그래서 ENA센터는 110m까지 허용된 높이를 90m밖에 사용하지 않은 경우다. 관수동도 마찬가지 사례다. 디벨로퍼 관점에서 보면 개발 프로젝트를 위해 최소개발면적, 최대개발면적, 용적률 상한, 높이 상한을 유연하게 열어놓고 정책 수립이나 제안을 해야한다고 생각한다.

## 용적률 사고파는 뉴욕

뉴욕을 가보면 꼬마빌딩 옆에 전용면적 100평도 안되는 60층 이상 '슬렌더' 빌딩들이 우뚝 서 있다. 용적률을 사고파는 유연한 도시계획 정책으로 가능한 것이다. 뉴욕이 특별해서가 아니라 도시정책을 수립하는 기획자가 뉴욕시를 개발해야 한다는 공통된 생각을 지니고 있다는 점이다. 그것은 외부의 민간 전문가들을 통해 사업 진행이 가능하도록 정책을 입안하는 것이 우리와 다른 것이다.

미국에서는 1970년 공중권을 사고팔 수 있도록 허용한 개발권양도제도(TDR) 도입을 통해 공중권 거래가 원활하게 이뤄지고 있다. 뉴욕시는 공중권 거래를 통해 역사 보존과 고밀 개발로 빌딩의 경제적 가치를 높이고 있다.

세운지구, 관수동뿐 아니라 강남의 토지비는 큰 폭으로 상승했고, 도심지 내에 500평의 단일 필지를 매입하기도 어려운 상황이다. 여러 필지를 매입하는 사업은 시간이 오래 걸린다. 건물 완공까지 최소 7~10년 정도 소요된다. 정책 입안자들은 정책 입안을 하고 떠나면 그만이지만 그 지역

■ One Vanderbilt 컨셉(461m, 67층)

[출처 : KPF-SL-Green,NYC]
(원 밴더빌트가 100층에 육박하는 건물이 가능했던 이유는 그랜드센트럴터미널 공중권(Air Right)을 사들여 새로운 주거지로 탄생)
* 공중권: 도시 내 공지를 포함한 기존 건축물, 도로 등 현존 구조물의 상부 공간에 대한 개발권리를 말한다.

■ 432파크애비뉴 빌딩(426m, 89층)

[출처 : Forbe]

의 주민들과 사업을 하는 디벨로퍼들은 고통의 시간을 보내야 한다. 도시는 슬럼 상태로 장기화되면 생명력을 잃는다. 외국 관광객들이 서울을 방문하면 도심을 걷는다. 해외처럼 길게 뻗어난 아케이드를 따라 건물과 건물 사이를 걷지는 못해도 슬럼화된 도시에 오래된 콘크리트 건물을 보고 걸어야 한다는 것은 OECD 국가로서 수치스러운 일이다.

　아무리 좋은 정책도 현장에 반영되기에는 오랜 시간이 걸리고 특히 토지 문제가 해결되기 위해서 많은 시간이 필요하다. 정책 입안을 위해 도시 전문가, 건축 전문가, 학계 등 관련분들의 각종 협의나 세미나를 통해 만들기는 하지만 큰 틀은 지자체 단체장의 생각에 따라서 정해지는 상황을 22년간 한림건축그룹을 운영하며 500여 개 이상의 프로젝트를 수행하며 터득했다.


　역세권 청년주택2030은 2016년 정책 발표 시에 서울시청 강당을 가득 메우고 자리가 모자라 복도까지 스크린을 설치해 사업설명회를 했던 기억이 있다. 그러나 역세권 개발 등 최근의 뜨거운 정책들도 막상 실현된 사업장은 그리 많지 않은 것을 간과해서는 안된다. 청년주택2030은 인센티브에 대한 공공기여로 공공임대주택을 받고 운영하면 되는데 민간인의 임대료에 지나치게 간섭하여 현재 78개 역(2023년 12월 기준)이 인허가가 완료됐고 입주를 마친 곳은 46개 역 밖에 안된 상황이 그런 사례를 잘 보여주고 있다.(참조: 한림튜브_청년주택2030)

[출처: 서울시 역세권 청년안심주택 사업설명회]

## 개발이냐 보존이냐 백사마을 운명

개발이냐 보존이냐 두 가지를 놓고 보면 어느 한쪽으로 치우쳐서는 안된다. 보존해야 할 곳은 보존하고 그렇지 않은 곳은 개발을 통해 개인분담금 사용처를 보존지역 주민들의 인프라 및 생업 지원에 지원해야 한다고 생각한다. 문화재보존지역, 북촌한옥마을, 서촌, 인사동, 산성보존지역, 개발제한 구역 등 한국의 지나온 역사를 재현하려면 지역에 박물관을 유치하여 콘텐츠를 만들고 그곳에서 역사를 학습하게 만들면 된다. 청계천 역사를 청계천 역사 박물관에서 볼 수 있듯이 그런 정책이 바람직하다고 본다.

최근 한림건축그룹이 도시변경 사업을 진행하고 있는 중계동 백사마을에 역사를 보존한다는 도시 재생 사업 중에 시민예산을 써가며 실패한 사례 중 하나라고 생각한다. 15년이 넘는 시간 동안 정책 입안자들이 개발과 보존을 반복하는 사이 원주민들을 떠났고 연로하신 분들은 한분 한분 돌아가시고 서울시는 아직 시작도 못하고 있는 실정이다.

자주 등산을 하던 코스로 불암산에서 하산할 때 들리던 백사마을 중간쯤 점방 할아버지 말씀이 생각난다. "개발로 이주하라고 해서 많은 이웃이 떠났는데 나는 남아있는 이웃이 적더라도 점방을 운영하기 위해 사명감으로 마을을 지키고 있는데 10년째 이러고 있다. 개발을 하려면 빨리하고 그렇지 않으면 해제를 해서 주민들이 다시 돌아올 수 있게 해주면 좋겠다." 점방 앞 평상에서 몇 분의 노인분들과 물을 마시며 나누던 이야기들이 아직도 생생하다.

7년 전 마포로 이사 오며 하계동을 떠나 못가본지 오래됐다. 마침 백사마을 토지변경용역을 한림건축그룹 도시기획본부에서 수행하게 되어 그 현장의 점방을 다시 가볼 수 있게 되었다. 백사마을은 2008년 개발제한구역에서 해제된 후 최초 LH에서 SH로 철거, 재개발·재건축 그리고 도시재생사업으로 원형지를 그대로 개발한다고 중지했다.

백사마을은 대한민국 서민들이 자리를 잡고 좀더 좋은 곳으로 옮기기 전에 지낸 곳이다. 눈이 내리는 날이면 연탄재를 깨뜨려 집 앞 오르막길에 이웃이 넘어지지 않도록 배려해주던 곳, 집안 어르신이 집밖으로 못나가게 단속하던 그 오르막길, 퇴근길에 피곤한 몸을 이끌고 헉헉거리며 보다

나은 미래를 생각하며 희망을 키우던 곳, 아침 새벽부터 출근하기 전 민생고를 해결하기 위해 공중변소 앞에 길게 늘어선 줄, 직장 다니는 누님들은 회사에 가서 볼일을 봐야 했던 곳, 봄 엔 뒷산에서 꽃을 보며 도심지의 타향살이 각박함을 달래며 휴식하던 곳, 여름이면 반팔 와이셔츠에 소금 자국이 보일 정도로 땀을 흘리며 오르내리던 곳, 가을이면 새들의 지저귀는 소리와 뒷산의 단풍을 보며 겨울을 준비하기 위해 연탄 300장과 쌀 가마니를 미리 준비해야 했던 그런 삶의 여정이 백사마을에 서려있다. 어린 시절 친구의 집에 놀러 갔다가 자주 보았던 광경들이다.

■ 2000년대 백사마을

[출처 : 한림건축그룹]

중학교 시설 공릉동 연립주택에 살았던 나는 수세식 화장실이 있어 당시 백사마을과 비교하면 호텔 생활과 마찬가지였다. 그곳의 주거지 보존사업을 위해 3천4백억원 이상의 예산을 들인다는 서울시 정책에 반문이 생겼다. 주차장을 외부에 만들고 주민들은 걸어 다녀야 하고 슈퍼라도 가려면 한참을 걸어야 하고 도무지 이해가 되지 않는다. 과거 대한민국 서민들이 살았던 원형을 보존한 지역이라 홍보한다는 발상 자체가 의문이었다.

도시재생의 주요 목적은 원주민의 재정착이다. 원주민들은 이미 마을을 떠났고 누구를 위한 원형보존인지 목적이 정확하지 않다. 마을 입구 한 공간에 백사마을 역사박물관을 건립하여 기념하는 것이 맞다고 생각한다. 이곳에 아파트가 들어서고 50년, 100년이 지나면 헐고 다시 지어야 하는 시대가 올수 도 있다. 유럽처럼 수백년 된 석조 건물처럼 보존할 수밖에 없는 곳들이 원형보존으로 잘되어 있는 곳은 가능한 이야기다. 그러나 블록집을 허물고 콘크리트로 블록집을 재현하여 여기에 거주하는 서울시민 1,000만 명 중에 누가 미래 복지를 누리며 영원히 사는 입주자가 될 것인가.

현재 중계본동 백사마을 재개발은 2009년 공동주택용지(분양주택)와 저층주거지보전지역(분양+임대주택)로 구분하여 주택재개발정비구역으로 지정됐다. 그러나 2023년 서울시는 최종적으로 저층 주거지보전지역이 분양 아파트에 비해 높은 공사비로 인한 타당성 미확보로 '주거지보존사업'이 폐지되고 분양과 공공임대가 혼재된 아파트 통합개발로 변경되었다. 이런 사례들이 수없이 많지만 다음 기회에 소개하고자 한다. 한번 만

들어진 정책은 변경이 힘들고 잘못 만들어진 정책에 국민들은 힘들다. 서민도 국민이고 중산층도 국민이고 상류층도 국민이다. 이 모든 것을 아우르며 국민들의 입장에서 정책을 만들어야 한다. 이를 위해 각개 부처 이기주의를 벗어나 서로 협력하고 보완하는 시스템을 구축해야 한다. 국민들이 원하는 정책을 위해 어렵고 힘든 일이지만 선진국으로 가기 위한 우리들의 과제다.

〈참고〉 백사마을 소사(小史)

1967년 도심개발 과정에서 청계천·영등포 등에 살던 철거민들의 이주 마을

1971년 개발제한구역으로 지정

2008년 개발제한구역에서 해제

2009년 주택재개발정비사업구역 지정

2016년 한국토지주택공사(LH)가 사업성 낮아 재개발사업 포기

2017년 서울주택도시공사 저층 위주 아파트 설계안 선정_주민 반대 무산

2021년 서울시 백사마을 재개발 정비사업 시행 계획 승인

2023년 서울시 '주거지보존사업' 폐지_분양과 공공임대가 혼재된 아파트 통합개발

2024년 노원구 주택재개발사업 관리처분계획 인가_최고 20층 높이, 총 2437가구 공동주택

■ 백사마을 전경

[출처 : 대한경제]

■ 백사마을 조감도

[출처 : 노원구, 2024]

대한민국 부동산은 특별하다

## 한국 최초 주상복합건물 세운상가 운명

1960년대는 1차 경제개발 5개년 계획하에 눈부신 산업화와 경제발전으로 서울의 도시 현대화가 최우선 도시계획과제였다. 1968년에 세워진 한국 최초 주상복합건물 세운상가는 대한민국 전자산업 메카로 명성을 누렸던 곳이다. 세운상가 부지에 한국전쟁 이후 피난민과 월남자들이 모여 무질서한 판자촌이 들어서게 되었다. 당시 김현옥 서울시장은 슬럼화된 판자촌을 철거하고 그 자리에 아파트가 들어선 최고의 시설을 자랑하는 주상복합건물로 조성했다.

■ 1968년 준공된 세운상가

[출처 : 서울도시연구원]

1970년대 신세계백화점, 롯데백화점 개관으로 서울의 중심상권이 다시 명동으로 옮겨지며, 강남개발이 본격화되면서 한강 맨션과 한강변에 대형 고급 아파트 건립으로 세운상가 거주민들이 이동하기 시작했다. 1980년대에 와서는 주거 용도가 업무 용도로 점차 전환되며 주거 기능이 크게 쇠퇴하며 슬럼화되기 시작했다. 특히 1987년 용산 전자상가 조성으로 세운상가는 더욱더 낙후되기 시작했다. 결국, 1995년 세운상가 철거계획이 발표됐으나 서울시와 문화재청의 반대로 무산되었다.

그러다가 오세훈 서울시장이 2008년 세운상가와 주변 블록을 모두 허물고 고층의 주거와 오피스 건물을 짓고 세운상가 부지는 1995년 발표된 남북녹지축복원계획을 잇는 녹지축 실행방안을 발표했다. 2009년 현대상가가 철거되었고 이 부지는 녹지로 바뀌었다. 그러나 그 이후 금융 위기와 종묘 문화재 심의(종묘 맞은편 세운4구역의 건축물 높이 하향 122m → 62m 조정)로 3년 동안이나 방치되다가 2012년 박원순 시장 집권 후 철거계획은 전면 무산됐다.

서울시는 촉진구역을 당초의 대규모 통합개발 방식에서 중소규모 분할 개발 방식으로 추진했다. 재활성화에 초점을 두며 역사문화 도심의 가치를 존중하면서 과도한 주민부담을 경감하는 방향였다. 건축물의 용도는 주거비율 50%이외에 오피스텔 10%이내를 추가로 허용하고, 주거비율의 30%이상을 60㎡미만인 소형으로 공급한다. 또한 면적 3~4만㎡에 이르던 8개 구역을 소규모(1,000~3,000㎡)구역과 중규모(3,000~6,000㎡) 구역 등 총 171개 구역으로 나눴다.

■ 세운재정비촉진계획 구역도 현황

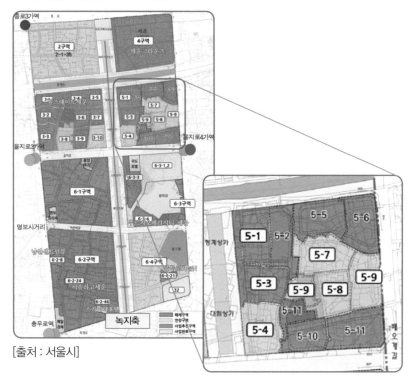

[출처 : 서울시]

2014년 박원순 시장은 철거 대신에 공중보행교를 복원·재개발하는 '다시·세운 프로젝트'를 추진했다. 2022년까지 세운─공중보행교─청계─대림─공중보행교─삼풍─호텔PJ─공중보행교─인현─진양으로 이어지는 보행데크를 완성하고 종묘부터 남산 하단까지 연결되는 도심 보행축을 완성한다는 계획이었다. 3년 6개월의 공사를 거쳐 2017년 '다시·세운 프로젝트' 1단계 구간이 완성됐다. 그러나 2021년부터 2단계 구간 공사를 위한 부지확보 난항을 겪게 되었다.

■ 「다시세운 프로젝트」 보행재생 개요

| 세운<br>상가 | 공중<br>보행교 | 청계<br>상가 | 대림<br>상가 | 공중<br>보행교 | 삼풍<br>상가 | 호텔<br>PJ | 공중<br>보행교 | 인현<br>상가 | 진양<br>상가 |
|---|---|---|---|---|---|---|---|---|---|

청계천　　　보행 데크　　　을지로　　　보행 데크　　　마른내길　　　보행 데크　　　퇴계로

보행 데크　　　　보행 데크　　　　보행 데크

지하연결통로

■ 2017년 공중보행로 1단계 구간 설치된 모습

[출처 : 나무위키]

　　그동안 국내 최초 주상복합건물인 세운지구의 운명은 서울시 시장이 바뀔 때마다 뒤집혀왔다. 2009년 당시 오세훈 시장은 세운상가를 철거하는 세운지구재정비촉진계획을 세웠지만, 2014년 박원순 전 시장이 취임하며

'도시재생'으로 정책 방향이 완전히 변경됐고, 이때 약 1천억 원을 들여 공중보행교가 만들어졌다.(동아일보, 2022.07.07.) 그러나 재집권에 성공한 오세훈 시장은 2022년 4월 21일 '녹지생태도심 재창조 전략'으로 '다시·세운 프로젝트' 공중보행로를 철거하고, 초고층 복합건축물을 높이고 면적(건폐율)을 줄여 대규모 도심 녹지공간을 만든다는 계획이다. 결국 서울시는 '세운재정비촉진지구 종합 계획'을 통해 과거 박원순 시장 시절 171개로 나눠진 개발구역을 39개 내외로 통합하고 개방형 녹지공간과 공개공지를 조성하면 용적률 1500%, 최고 높이 200m 내외로 개발할 수 있고 건폐율은 50% 이하로 낮춘다는 것이다.

문제는 막대한 비용 마련이다. 세운지구 철거 비용과 일대 상인들의 생업을 위한 대체부지와 이사 비용, 그 기간의 손실 보상 등이 제대로 이뤄져야 하기 때문이다. 나는 서울시가 세운상가를 철거하고 종로~퇴계로 일대 44만㎡를 재개발하기 위한 재원 마련 방안과 관련하여 뉴욕 허드슨 야드의 새로운 용적률 체계로 고밀도 복합개발 사례를 눈여겨볼 필요가 있다고 본다.

## ■ 세운상가 주요사업 추진 일지

| | |
|---|---|
| 1967-1972년 | 세운상가, 현대상가 건립 |
| 1979년 | 세운지구 정비계획 수립 |
| 1995년 | 세운상가군 철거하고 남북녹지축복원계획 |
| 1997년 | 서울도시기본계획 도심녹지축구상 |
| 2004년 | 이명박 서울시장 '도시환경정비구역' 지정 |
| 2006년 7월 | 오세훈 시장 취임 |
| 2006년 | 세운상가군 철거계획안 발표 |
| 2006년 10월 | 오세훈 전 서울시장 '세운초록띠공원 조성사업' 공약 |
| | 세운 재정비 촉진지구 지정 |
| 2007년 7월 | 현대상가 및 세운4구역 재정비 촉진계획 결정 |
| 2009년 | 세운 재정비 촉진계획 결정(현대상가 철거) |
| | 녹지축 조성(주변 8개 구역 대규모 통합개발) |
| 2010년 8월 | 세운 재정비 촉진계획 변경 검토 |
| 2011년 10월 | 박원순 시장 취임 |
| 2012년 1월 | 세운 재정비 촉진계획 변경 착수 |
| 2013년 6월 | 세운 재정비 촉진계획 변경 발표 |
| 2014년 3월 | 세운 재정비 촉진계획 변경안 통과<br>(기존 8개 구역 → 171개 구역 세분화) |
| 2015년 | 세운상가 활성화(재생) 종합계획: 다시세운 프로젝트 |
| 2019년 | 세운 재개발 전면 재검토 결정(을지면옥 논란) |
| 2020년 3월 | 세운 재개발 촉진지구 관련 종합대착 발표 |
| 2021년 4월 | 오세훈 시장 취임 |
| 2021년 6월 | 개발과 정비 아우르는 '2세대 도시재생' 발표 |
| 2021년 11월 | 세운지구 정비 및 관리방안 수립 용역 |
| 2022년 | 4월 녹지생태도심 재창조 전략-세운상가 철거 및 고밀도 재개발 |

## 88서울올림픽과 도심재개발 촉진

나는 대한민국 서울 도시계획의 가장 큰 변화의 시기를 1980년대라고 본다. 판자촌으로 대변되던 청계천이 복개되었고, 그 위로는 고가도로가 지났다. 남서울개발계획으로 영동지구가 개발되었고 잠실지구에 대규모 아파트 단지가 들어섰다. 한강을 따라 자동차 전용도로가 만들어졌고, 땅 속으로는 지하철이 개통됐다. 상하수도 보급과 하수처리장 건설도 함께 이뤄졌다. 이렇게 한강의 기적으로 불리는 대한민국 '조국 근대화'는 완성됐다.

1970년대 도시환경정비사업이 경제성장에 맞춘 도심부의 현대화에 초점을 두었다면, 1980년대에 들어서 이와는 다른 양상으로 전개되었다. 그 중심에 88서울올림픽이라는 국제적인 스포츠 행사가 있었다. 88서울올림픽 유치는 서울 도시발전사의 흐름을 바꿔놓은 큰 사건이 되었다.

1980년대 서울 도시계획은 대규모 택지개발 사업, 도시재개발, 한강개발 그리고 88서울올림픽 준비 관련 도시환경정비사업과 선진 인프라확충사업 등이다. 이 사업들은 오늘날까지 서울 시가지 형성과 공간 변화에 큰 영향을 미쳤다. 도심재개발이 서울올림픽 관련 도시환경정비사업의 하나로 채택되어 도심부 일대와 마포로 일대에 걸쳐 도심 환경을 개선시키는 재개발사업이 활발히 진행됐다.

■ 잠실 종합운동장 일대 공사, 1984

[출처 : 서울역사아카이브]

■ 서울 잠실 스포츠 · MICE 복합공간 조감도, 2023

[출처 : 서울시]

대한민국 부동산은 특별하다

서울시는 88서울올림픽 대비를 위한 도시개발로 환경개선에 중점을 둔 도심재개발 사업과 주요 경기 시설과 도심 지역 간의 연결성을 강화하기 위해 간선도로, 교량, 지하철 2·3·4호선 등 인프라 구축에 총력을 기울였다. 도심재개발사업이 추진되기 시작한 것은 1960년대 후반 세운상가 재개발로부터 비롯됐다. 서울시는 1970년대에 도심재개발구역을 광범위하게 지정해 놓고 1980년대부터 본격적으로 재개발사업을 추진하였다. 도심재개발이 새롭게 조명받기 시작한 것은 1981년 88서울올림픽이 결정되면서부터이다. 정부와 서울시는 올림픽 준비를 위한 최우선 과제로 도심 환경정비를 위한 도심재개발을 추진했다.

정부는 1982년 도시재개발법을 개정하며 환경개선과 재개발에 총력을 기울였다. 정부 지침에 따른 도심재개발 촉진방안에서 도심부 높이 제한, 용적률 그리고 건폐율 완화 조치를 단행했다. 용적률은 670%에서 1,000%, 건폐율을 45%에서 50%로 상향 조정했다. 당시 서울시는 수도권 인구집중을 억제하기 위해 원칙적으로 대규모 개발사업을 제한했다. 그러나 도심재개발사업은 정부의 올림픽 관련 사업으로 대규모 개발이 가능했던 것이다.

특히 김포공항에서 여의도를 거쳐 도심으로 이어지는 길목에 있는 귀빈로(마포로) 등 주요 간선도로변과 도심 중요 지역에서 재개발이 이루어졌다. 또한 불량주택재개발사업이 1983년부터 합동재개발 방식으로 활성화됨에 따라 박차를 가해 1980년대 후반 이후 환경개선지구를 지정하고 주거환경 개선 차원의 재개발로 진행됐다.(1장 2파트 P.46 참조)

■ 도심재개발 을지로2가구역, 1984

[출처 : 서울역사아카이브]

■ 올림픽선수 · 기자촌, 1987

[출처 : 서울역사아카이브]

대한민국 부동산은 특별하다

## 한강르네상스와 도시재생

2007년 오시장은 '미래도시의 경쟁력은 관광 인프라에서 나온다'는 판단으로 한강르네상스 마스터 플랜을 발표했다. '회복'과 '창조'라는 비전의 한강르네상스 사업은 한강을 천만 시민과 세계인이 즐기는 명소를 만들겠다는 오세훈 시장의 의지였다. 한강 수변 문화공간 조성, 자연성 회복, 접근성 향상, 수상이용 확대, 문화기반 조성, 경관개선을 목표로 당시 서울시의 핵심 시정 사업이었다.

과거 1기 시정(2006~2011년) 당시 아라뱃길(인천-김포)을 여의도와 용산까지 연장하는 서해주운(김포-서울) 사업과 한강변 친수공간 개발 등을 추진했다. 결과적으로 민자유치 사업을 포함해 2조원 넘는 비용이 투입됐지만 2012년 박원순 전 시장이 취임하며 사업의 경제성이 떨어지고 사회적 합의가 부족하다는 이유로 중단됐다.

이와 더불어 2009년 서울시는 한강르네상스 사업 2단계 조치로 '한강 공공성 회복 선언'을 하고, 한강변을 주거중심에서 복합용도로 개발한다는 계획을 발표했다. 이 계획은 한강변 높이 관리와 개방감, 시각통로 확보를 통해 스카이라인을 재정비하고, 공원과 문화시설 등을 확충하는 것이다. 이를 위해 한강변을 압구정, 여의도, 이촌, 성수 등 전략정비구역과 망원, 당산, 반포, 잠실 등 유도정비구역, 기타 일반관리구역으로 나눠서 통합 관리한다는 정책이었다.

■ 성동구 성수동 트리마제

[출처 : 네이버]

한강변 아파트 재건축의 경우 한강르네상스 경관개선 사업의 일환으로 한강변 아파트 건폐율을 낮추는 대신 초고층으로 층고를 높이는 방향으로 층수 제한을 두지 않았다. 이에 따라 주거지역은 50층까지 아파트를 지을 수 있었다. 용산구 이촌동 '래미안 첼리투스(56층)'와 성동구 성수동 '트리마제(47층)'는 이렇게 지어진 아파트다. 당시 압구정동 재건축은 평균 40층 최고 50층에 용적률 338~348%가 적용될 예정이었다. 용적율 상향에 따른 여의도의 경우 11개 단지가 종 상향을 통해 용적률을 800%까지 계획되어 공공기여로 한강변에 다채로운 건축물이 들어서게 되었다.

지금 생각하면 2000년대 초반 한강르네상스 사업과 더불어 아파트 재건축 시장이 원안대로 활성화되었다면 서울의 모습, 특히 한강변 스카이라인은 현재와는 판이하게 달랐을 것이다. 또한 한강변 중심의 도심형 복합단지 재개발로 글로벌 서울의 도시 경쟁력이 좀 더 일찍이 회복될 수도 있었다.

■ 한강변 재건축 층수 둘러싼 규제 변화 일지

|  | 서울시장 | 규제 | 내용 | 적용단지 |
|---|---|---|---|---|
| 2009년 | 오세훈 | 한강공공성 회복 선언 | 최고50층 내외로 짓도록 허용하되 재건축 부지 25%이상 기부 채납 | 용산구 이촌론 래미안첼리투스(56층) 성동구 성수동1가 트리마제(47층) |
| 2014년 | 박원순 | 2030서울도시기본계획 | 제3종 일반주거지역 35층 이하 제한 | 서초구 잠원동 아크로리버뷰 신반포(35층) |
| 2015년 | 박원순 | 한강변관리기본계획 | 한강과 가장 가까운 동 15층 이하 제한 | 서초구 반포동 래미안원베일리(35층) |
| 2022년 | 오세훈 | 2040서울도시기본계획 | 35층 룰 폐지 | 강남 대치미도 아파트(50층)/ 여의도 시범 아파트(65층) |

2011년 박원순이 서울시장 보궐선거에서 당선되며 오세훈의 한강르네상스 사업이 막을 내림과 동시에 박원순 표 한강정비사업이 등장하게 됐다. 또한 전임 시장이 주도했던 뉴타운 사업을 포함 서울시 전역의 정비사업 구역이 해제되며 재개발 사업이 전면 중단되는 상황이 발생했다. 또한 서울시는 2014년 '2030서울플랜' 서울도시기본계획 발표를 통해 높이 제한 35층 룰이 나오게 됐다. 해당 계획안에 '서울시 스카이라인 관리원칙',

'한강변관리기본계획' 등을 마련해 한강의 공공성을 강조해 한강변에 위치
한 주거용 건축물 층수를 35층 이하로 제한했다.

■ 서울시 높이관리기준 및 경관관리방안

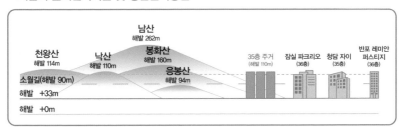

[출처: 서울특별시 도시계획국(2017.2.9.)]

그 당시 박원순 시장 정비사업의 핵심은 보존이다. 전면철거 대신 '보존
형 도시재생'으로 전환한 박시장은 한강변 르네상스나 뉴타운 재개발 공
약을 뒤엎었다. 기존주거지는 보존하면서 개발에는 '주거재생사업'을 추진
했다.

박 시장은 2014년부터 뉴타운·재개발 해제 구역이나 노후화된 저층주
거지 등 정비가 시급한 지역을 재생활성화지역으로 지정했다. 종로 창신
동은 수인동과 묶여 도시재생사업 1호 지역으로 지정됐다. 그런데 도시재
생 사업에 800억원이 넘는 세금이 투입됐지만 결국 주민들이 원하던 열악
한 주거환경은 개선되지 않았다. 그간 주민들은 창신동에 지어진 노후화
된 주택의 본격적인 정비사업이 필요하다고 주장해 왔지만 서울시가 이곳
을 도시재생 사업 구역으로 묶으면서 개발에 발목이 잡혔다.

보존형 도시재생 정비사업의 흐름을 보면 초기엔 마을 공동체 그리고 골목 재생 등에 초점이 맞춰졌고, 임기 말년에는 역사·문화 보존으로 무게추를 옮겼다. 대표적인 곳이 세운상가 일대 재개발, 옛 성동구치소 개발, 개포주공4단지 재건축, 잠실주공5단지 재건축 등이었다. 서울시는 이들 모두 역사적·문화적 보존 가치가 있다며 일부 구조물을 철거하지 못하게 했다.

그러나 2021년 4월 서울시장 보궐선거에서 오세훈 전 서울시장의 당선으로 과거 뉴타운·재개발 구역이었다가 해제된 구역의 재개발에 대한 사업에 청신호가 켜졌다. 오 시장은 주택공급의 정상화를 위한 제도적 기반으로 신속통합기획을 적용한 재개발·재건축 사업을 발표했고, 노후 저층 주거지역을 묶어 소규모 주택정비사업으로 모아주택·모아타운도 추진하고 있다. 전임자의 정책으로 잃어버린 10년의 재개발 사업이 빠른 속도를 내며 도심 주택공급에 박차를 가하고 있다.

## 2040 서울도시기본계획

서울시가 '2040 서울도시기본계획(이하 2040서울플랜)과 '2030 서울도시·주거환경정비기본계획'을 통해 아파트 높이 35층 이하 규제 폐지안을 확정했다. 도심의 빌딩 높이 90m 제한도 완화하고, 동대문과 영등포 등의 재개발 해제지역과 노후 상업지역을 재정비하는 등 도시 경쟁력을 끌어올리는 데 박차를 가할 전망이다. 유연한 도시계획 체계를 도입하여 시민들의 삶의 질과 도시 경쟁력을 높인다. 높이 기준이 폐지돼도 용적률은 유지되기 때문에 비교적 날씬한 건물들이 넓은 간격으로 배치, 조망권이 확보되고 개방감이 높아질 것으로 기대된다. 박원순 시장 시설 도입된 35층 높이 제한을 삭제하고 지역 여건에 맞는 건축을 허용하여 다채로운 스카이라인을 유도할 방침이다.

일률적으로 적용된 용적률(600% 이하) 등 기존 건축 규제를 과감하게 풀고, 그 대가로 얻는 공공기여 부분을 공원과 녹지로 조성하는 방침이다. 이로 인해 조선시대 옛길, 근현대 문화자원 등에 가로막혔던 세운상가 일대와 동대문 주변 등 낙후된 저층 주거·상업지역 재개발이 활성화될 전망이다.

이제까지 서울 사대문 안 도심은 '역사도심 기본계획'에 방침에 따라 개발을 할 수가 없었다. 그러나 서울시는 기존 서울 도성 내부 일대와 사대문 안에 적용해온 '역사도심 기본계획'을 규제 완화 방침에 따라 '서울도심 기본계획'으로 대체한다. 앞으로 사대문 안 도심지역 고밀도 개발이 가능하게 되었다.

■ 서울시장 서울 도심 정책(2002~2024)

| 서울시장 | 이명박 32대<br>2002. 07~2006.06 | 박원순 35대<br>2011.10~2014.06 | 오세훈 38대<br>2021.04~2022.06 |
| --- | --- | --- | --- |
| | 오세훈 33대<br>2006.07~2010.06 | 박원순 36대<br>2014.07~2018.06 | |
| | 오세훈 34대<br>2010.07~2011.08 | 박원순 37대<br>2018.06~2020.07 | 오세훈 39대<br>2022.07~현재 |
| 주요<br>정책 | 뉴타운/재정비촉진사업<br>낙후 지역 변모/집값 안정화 | 도시재생<br>원주민 정착률 재고/<br>용적률 낮추고 개발 제한 | 도심재정비활성화/<br>한강 르네상스 2.0 |
| 세부<br>내용 | 2005년 뉴타운_「도시재정비를<br>위한 특별법」<br>2006년 세운재정비촉진지구<br>지정<br>2007년 도시재정비 종합 계획/<br>한강 르네상스<br>2008년 동대문 디자인 프라자<br>& 파크건립계획<br>2009년 재정비촉진지구계획<br>수립/남산 르네상스 세<br>운 초록띠 조성 사업<br>(종묘~남산) | 2011년 철거개발방식 → 보존형<br>주거지 재생<br>2021년 「도시 및 주거환경정비<br>법」 개정: 사대문안 수<br>복재개발 방식 전환<br>2013년 뉴타운 구역 지정 해제<br>2014년 사대문 안 건물높이<br>110m → 90m 하향<br>다시 세운 프로젝트_공<br>중보행교 설치<br>2030 서울플랜_높이<br>제한_한강변 위치한<br>주거용 건물 층수 35층<br>이하로 제한 | 2021년 도심재생반대연합-지정<br>해제 요구<br>2021년 신속통합기획, 재개발·<br>재건축 사업<br>2022년 녹시생태도심 재창조<br>전략<br>2040 서울도시기본계<br>획_35층룰 폐지<br>2023년 그레이트 한강(한강 르<br>네상스 2.0)<br>2025년 남산 곤돌라 설치 |

■ 2040 서울도시기본계획 – 7대 공간계획

| 도시공간재구조화 | ① 보행일상권 조성 |
| --- | --- |
| | ② 수변중심 공간 재편 |
| | ③ 미래성장거점, 중심지 혁신 |
| | ④ 도시계획 대전환 |
| 미래 도시 인프라 구축 | ⑤ 기반시설 입체와(지상철도 지하화) |
| | ⑥ 미래교통 인프라 확충 |
| | ⑦ 탄소중립 안전도시 조성 |

늦은 감은 있으나 디벨로퍼로써 반가운 마음이다. 2002년 한림건축을 설립해 건축설계, 감리, 부동산개발, CM(건설 관리자), 마케팅 일선 현장에서 도시정비형 재개발 사업에 참여해온 터라 도심 개발 규제에 대해 많은 아쉬움이 있다. 사대문 안 중심업무지구는 과거 2016년 박원순 시장 시절 '2025 도시환경정비기본계획'에 따라 70~90m의 건축물 고도제한을 받았다.

이후 오세훈 시장 때 110m로 완화됐다가 박 시장 두 번째 임기 중인 2016년에 다시 90m로 강화됐다. 이 고도제한은 글로벌 거대 도시 서울과 맞지 않는 과거 규제다. 구도심 재개발 사업이 높이 규제와 용적률 완화로 구도심이 새로운 도시 기능을 할 수 있도록 정부와 서울시는 지역주민들의 재산권을 보호해줄 의무가 있다.

현재 시행되고 있는 도시환경 정비사업도 1960~1970년대에 시작되었다. 당시만 해도 서울 인구를 500만명으로 예상하고 건축물의 높이, 건폐율, 용적률 등을 설정한 것이다. 1988년 서울 올림픽을 마치고 얼마 지나지 않아 1,000만 인구가 서울에 살게 됐다. 현실과 맞지 않은 과거 기준에 따라 획일적으로 도시를 조성하려는 지구단위계획 등에 문제점이 많았다. 서울시는 금년 초에 1970년대 급속도로 늘어나는 서울의 인구를 감당하기 위해 아파트를 신속하게 공급하고자 도입한 '아파트지구'제도를 폐지하고 이후 변경된 정책 등을 반영하여 용적률 높이 용도 등을 유연하게 적용할 방침이다. 실제로 뉴욕을 가면 꼬마빌딩 바로 옆에 100m가 넘는 빌딩이 존재한다. 토지주들끼리 용적률을 서로 사고팔 수도 있게 해놨다. 이같은 사고와 제도의 유연함이 필요한 시점이 현재다.


## 녹지생태도심 재창조 전략_도심 재개발

서울시가 침체된 정비사업을 활성화하기 위해 정비구역을 확대하고 건축규제를 완화한다는 정책으로 도시정비형 재개발사업의 기본방향을 제시하는 '2030 서울시 도시 · 주거환경정비기본계획'을 재정비한다고 밝혔다.

기존 '2025 기본계획'은 높이계획이 경직됐고 정비예정구역을 축소하는 등 '보존' 중심이라 2040 서울계획과 녹지생태도심 재창조 전략 등 서울시 정책 방향에 대응하고 도심을 활성화하는 데 한계가 있었다. 이번에 재정비되는 2030 도시 · 주거환경정비기본계획은 '개발 · 정비 활성화를 통해 쾌적하고 활력 넘치는 신(新) 도시공간 조성'이다. 중심지 기능 복합화로 성장하는 도시, 녹지와 빌딩이 어우러진 쾌적한 녹색도시, 서울도심 도심부 직주균형으로 활력 넘치는 직주혼합도시 등 3가지 목표를 제시했다.

'녹지생태도심 재창조 전략'의 핵심은 건축물 높이(90m 이하)와 용적률(600% 이하) 등 기존 건축규제를 과감하게 완화했고, 그 대가로 얻는 공공기여를 공원과 녹지로 조성해 도심 전체를 녹지로 연결하는 것이다. 이를 통해 현재 3.7%에 불과한 서울도심 녹지율을 15% 이상으로 현재 보다 약 4배 끌어올린다는 목표다.

제일먼저 서울시는 서울도심에서 가장 낙후돼 변화가 시급한 세운지구 일대 44만㎡를 선도사업으로 우선 재정비한다. 이날 발표를 통해 세운지구 총 171개 구역 중 일정기간 개발이 진행되지 않아 일몰시점이 지난 147개 구역을 다시 20개 내외 정비구역으로 묶어서 개발하는 '통합형 정비방식'으로 추진하겠다고 밝혔다. 종묘~퇴계로 일대 선도사업이 완성되면 '연트럴파크(경의선숲길, 3만4200㎡)'의 4배가 넘는 약 14만㎡ 공원·녹지가 세운지구에 조성된다. 북악산에서 종묘와 남산을 거쳐 한강으로 이어지는 서울 도심의 대표 녹지축이 완성되는 것이다. 여기에 서울시는 종묘~퇴계로 일대에 한해 법정계획 확정 전이라도 개발을 추진할 수 있도록 별도 의 가이드 라인을 마련했다.

문제는 시간이다. 서울시가 세운상가 확보를 중장기적 관점에서 진행하기로 한 만큼 사업이 단시간에 속도를 내기는 어려울 전망이다. 오 시장의 뜻대로 진행되려면 세운상가를 허물어 통째로 매입이 완료되야 하고 영업하는 사람들이 퇴거를 해야 가능할 일이다. 새 계획안 발표로 지역 내 갈등도 우려된다. 실제 세운상가가 철거되기까지 관련 조례 제정과 복잡한 소유 관계를 정리한 뒤 서울시가 매입과 수용 절차를 마무리하는 고난의 과정이 남아 있다. 과거 전면철거 재개발 방식에서 도시의 역사성을 살려 보존하는 도시재생으로 방향을 전환했을 때에 토지주, 임차인, 주민들 사이의 입장 차이로 정비구역도 171개의 작은 필지로 나뉘었기 때문이다.

■ 녹지생태도심 조감도 2022

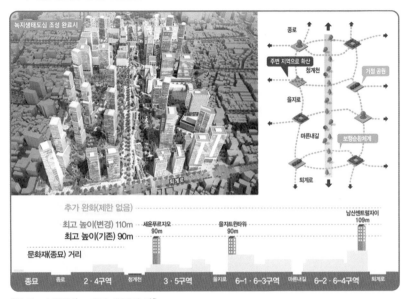

[출처 : 서울시(그래픽:매일경제)]

[출처 : 효성그룹]

[출처 : 세빛섬 홈페이지]

한강 르네상스 사업의 상징인 세빛섬은 민간투자로 개발이 진행됐던 사업이었다. 개발 사업자가 인프라를 건설해 일정기간 운영한 뒤 정부나 지자체에 기부채납하는 방식이다. 2009년 3월에 착공되어 2011년 세빛둥둥섬이라는 이름으로 반포 한강 공원에 완공됐다. 세빛섬은 완공 이후 전현직 시장의 갈등을 일으켰던 사업으로 운영사 선정 특혜, 설계·시공 문제 등으로 2년간 출입이 통제됐으나 2014년 세빛섬으로 이름을 바꾸고 컨벤션 센터와 공연장 등으로 정상운영되고 있는 서울의 대표적인 명소로 자리 잡았다.

2009년 오세훈 시장 재직시 한강예술섬 최종 당선작

2019년 박원순 시장의 노들섬 프로젝트_복합문화공간

2005년 이명박 당시 서울시장이 노들섬에 1500석 대규모 오페라하우스 조성 계획을 세웠다. 뒤를 이어받은 오세훈 시장도 한강르네상스 프로젝트 일환으로 노들섬에 '한강예술섬' 조성하려했지만 막대한 비용에 따른 경제성 논란과 교통 문제 등으로 진전이 없었다. 2011년부터 박원순 서울시장이 시정을 맡으며 오페라하우스 계획은 백지화됐고, 그 이후 노들섬은 시민의 품으로 돌려주겠다며 주말농장용 텃밭으로 꾸몄다. 이후 부지 낭비라는 비판에 도심농업 계획을 스스로 철회한 박원순 시장은 560여억 원을 투입하여 소규모 복합공간을 조성했지만 이곳을 찾는 시민들이 많지 않은 실정이다. 10년 만에 재보궐 선거로 시장직에 복귀한 오세훈 시장은 현재 조성된 복합문화공간을 그대로 활용하면서 문화예술인으로 이뤄진 기획팀을 구성하여 노들섬을 예술섬으로 탈바꿈시킬 계획이다.

10여 년이라는 세월이 흘렀다. 결국 국민 혈세만 낭비되고 애초 기획했던 오페라하우스는 온데간데없고 섣부른 행정에 의해 조성된 복합문화공간에 또다시 막대한 비용을 들여 새롭게 단장한다고 한다. 서울시 도시계획 행정이 시장의 진보와 보수 성향에 매번 바뀌는 악순환으로 이어지고 말았다.

# 02
—

# 구도심 고밀 · 복합개발이
# 도시 경쟁력

**도시계획의 새로운 패러다임 35층 규제 폐지와 비욘드 조닝**

내가 2040 서울플랜에서 가장 주목하는 것은 바로 비욘드 조닝(Beyond Zoning)이다. 비욘드 조닝이란, 주거 · 업무 · 상업 등 기능의 구분이 사라지는 미래 융복합 시대에 맞는 서울형 新 용도지역체계다. 용도지역제, 스카이라인 관리기준의 대대적인 개편이 핵심이다. 기본 도시체계에 충실하여 진행되어온 도시계획에서 탈피하여 용도지역제를 전면 개편해 경직된 도시계획을 대전환한다는 것이다. 또한 일률적 · 정량적으로 적용됐던 '35층 높이기준'을 삭제하고, 유연하고 정성적인 '스카이라인 가이드라인'으로 개편되는 것이다.

서울의 도시공간을 계획하는 수단인 용도지역제(Zoning)는 1962년 제정된 도시계획법에 근거를 두고 있다. 이러한 체계 때문에 도시공간은 분리되어 있고, 그 모습 또한 용도마다 달라졌다. 비욘드 조닝은 융복합 · 디지털 전환을 맞는 도시 모습과 변화상을 담기에 한계가 있는 도시의 공간을 개편하여 주거공간, 업무공간, 쇼핑공간 등을 어우러지게 하여 도심복합개발로 자립생활권, 컴팩트 도시를 만드는 것이다.

스카이라인 역시 대대적인 변화가 있을 전망이다. 2014년부터 8년간 주거용 건축물에 적용해온 높이 제한 규제가 철폐되었기 때문이다. 전 박원순 시장 때 주거용 건축물 높이는 35층 이하로, 한강변 연접부는 15층 이하로 제한되어 대부분 한강변 아파트는 35층을 넘지 못했다.

바람직한 정책 방향이다. 실질적으로 2015년 나온 역사도심 기본계획의 '600년 역사의 서울 도심 역사와 문화적 가치 보존'에 서울 구도심 낙후지역 개발에 장매물이 되었던 것이 사실이다. 이제부터라도 구도심 재개발을 통해 새로운 도시 경쟁력 강화로 이어질 수 있도록 빠른 법제화가 시급하다.

높이 규제가 철폐되면 다채로운 스카이라인을 볼 수 있게 된다. 높이 규제는 철폐되지만 용적률은 그대로이기에, 한 건물이 높아지면 같은 부지의 다른 건물은 그만큼 낮아져야 하기 때문이다. 이렇게 하면 건물 높이가 자유로워지고 건물에 따라 모양 자체도 슬림하게 나올 수 있어 자유로운 스카이라인이 만들어진다.

■ 병풍처럼 펼쳐진 한강변 아파트 모습

■ 뉴욕의 자유로운 스카이라인

## 구도심을 신도시로 조성

1960년대부터 약 50년간 대한민국은 고도의 압축 성장기를 겪었다. 그리고 지금은 전세계가 저성장, 경기 침체의 시대로 접어들었다. 20~40대가 경제인구의 주축을 이루었던 지난 시대와는 달리 초고령화가 진행되고 있으며, 1~2인 가구 증가, 코로나19 팬데믹 등으로 급격한 사회경제적 변화를 맞고 있다. 이런 변화와 더불어 환경, 기후변화, 에너지 저감, 지속가능 개발, 일자리 창출 등의 이슈와 요구가 다양해지고 점점 강하게 드러나고 있다. 이에 도시계획과 정비사업의 방향성이 해당 지역의 특성을 강화하기 위해서 바뀌고 있다.

특히 1960-70년대 사이에 개발되었던 구도심들의 경우 현재 30년이 넘어 노후화되어가고 있으며 일부는 슬럼화되고 있다. 게다가 서울에 300개가 넘는 역세권은 능률적이지 못한 규제로 제대로 개발되지 못한 상태다. 이러한 상황에서 구도심과 역세권의 규제를 완화하고 복합 고밀개발하여 토지를 효율적으로 사용하는 정책과 사업이 필요하다.

구도심을 고밀도로 개발하는 컴팩트시티는 기존의 인프라 시설을 누릴 수 있고, 새로 개발되는 지역에는 필요한 기능을 넣을 수 있다. 그런 연유로 역세권을 중심으로 한 컴팩트시티 개발사업이 곧 구도심을 신도시로 조성하는 것이다. 지역의 3종일반주거지역을 근린상업지역으로 용도지역이 변경되고, 향후 지구단위계획안 심의를 거쳐 사업이 진행될 수 있다.

이는 곧 서울시의 '2040 서울플랜'의 비욘드 조닝과 맥을 같이한다. 용도지역제는 땅의 용도를 주거·업무·녹지 등으로 나눠 각 토지마다 적절한 개발을 유도하는 전통적인 도시계획 제도다. 그런데 서울시는 주거·업무·녹지 등이 복합적으로 배치될 수 있도록 비욘드조닝 개념을 도입하여 2025년부터는 서울 전역에 단계적으로 적용한다. 그간 용도지역제에 갇혀 개발이 어려웠던 구도심의 도심복합개발이 서울형 신 용도지역체제로 활성화될 것이다.

강남구의 슈퍼블록은 내부의 주거지 패턴이 매우 복잡하고 체계적이지 못해서 토지를 효율적으로 이용하지 못하고 있다. 강남구는 처음 개발될 당시 주거지역을 기준으로 개발된 곳으로, 처음 주거지역만을 고려하였기 때문에 지금 교통량에 맞는 교통서비스를 제공하고 있지 못하다. 특히 강남 슈퍼블록의 특징이라고 할 수 있는 복잡한 내부 패턴으로 인하여 교통량이 간선도로로 유입되면서 주거에 이점이 있는 슈퍼블록이 오히려 원활한 교통을 방해하고 있는 실정이다.

따라서 향후 도시계획정책 입안에 있어 컴팩트시티는 도시 확산에 따라 도심지역을 재활성하는 것으로 지속 가능한 도시개발을 위해 3가지 주요소를 갖추어야 한다. 압축적이며 인접한 개발, 대중교통체계와 연계 그리고 지역 일자리 및 서비스 접근성이다. 컴팩트시티 건설은 각 구도심에 맞는 용적률을 환산해 자원의 낭비가 없는 뉴노멀의 다핵화된 도시의 재탄생으로 전개돼야 한다. 이는 서울시의 구도심 도시계획정책에 시사하는 바가 크다.

## 역세권 고밀·복합 개발이 답이다

서울시 전체 80% 이상이 지하철역 반경 1km 이내의 역 생활권 지역에 해당된다. 역을 중심으로 그 주변에 형성된 다양한 상업 및 업무활동이 이루어지는 지역이다. 도시에서 역은 토지이용측면에서는 지하철역 반경 200m 이내의 역 세력권 지역에 생활권 중심지가 형성되어 있으며, 중심시설인 시장, 공공청사, 스포츠문화시설이 대부분 이 지역에 밀집되어 있다. 교통측면에서도 지하철역 주변에 버스정류장이 밀집되어 있어 교통의 중심지를 형성하고 있으며, 역을 중심으로 보행 및 마을버스체계가 형성되어 있다.

역세권은 지하철, 국철 및 경전철 등의 역의 각 승강장 경계로부터 250m, 혹은 500m 이내의 지역을 말한다. 승강장부터 250m내의 지역을 1차 역세권, 250~500m 이내의 지역을 2차 역세권이라고 한다. 보통 역세권은 한 개의 역이라면 직사각 형태를 띠고, 사당역 같은 복합역세권의 경우 이형의 형태를 갖추게 된다. 승강장으로부터 경계이기 때문이다.

■ 서울시 높이관리기준 및 경관관리방안

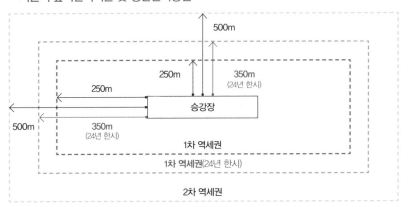

서울시 역세권 범위
입지 250m이내: 역세권 활성화, 역세권복합개발
입지 350m이내: 소규모재개발, 역세권시프트, 역세권청년주택

■ 역세권사업 운영기준 　　　　　　　　　　　　　（ ）법령요건(완화불가)

| 완화내용 | 입지 | 면적 | 접도 | 비주거 | 높이 |
|---|---|---|---|---|---|
| 역세권 활성화 | 사업지의 1/2 이상이 250m이내 | 1.5천㎡이상 | 폭 8m,4m 이상 도로 접도 | 용적률의 10% (완화가능) | – |
| 역세권 복합개발 (고밀주거) | 사업지의 1/2 이상이 250m이내 | 1.5∼5천㎡ | 폭 8m,4m 이상 도로 접도 | 용적률의 10% (완화 5%) | 채광이격거리 1/4 → 1/8 |
| 소규모 재개발 | 사업지의 1/2 이상이 350m이내 | (5천㎡미만) | 폭 8m,4m 이상 도로 접도 | – | – |
| 역세권 시프트 | 사업지의 1/2이상이 350m이내 | 3천㎡ 또는 100세대이상 | 없음 | 용적률의 10% (완화가능) | – |
| 역세권 청년주택 | 사업지의 1/2이상이 350m이내 | 1천㎡이상 | 20m이상 간선 도로 연접 | 용적률의 10% (완화가능) | – |
| 완화 | 역세권 거리 20% 범위내 | 20% 범위내 | 입지 여건 등 고려 | 용적률의 5% | 1/8 범위내 |

서울시가 '역세권 복합개발(고밀주거) 지구단위계획 수립 기준'을 마련하면서 기존 지구단위 계획에서 일괄적으로 적용되었던 규제 대신, 기준을 유연하게 적용할 수 있게 되었다. 역세권 활성화, 역세권 복합개발, 소규모 재개발, 역세권 시프트 등 역세권에 대한 사업에서 입지, 면적, 접도, 주거비율, 용적률, 높이 등이 전체적으로 완화된다.

■ 사당역 역세권 예시

[출처 : 한림튜브]

2호선과 4호선이 만나는 사당역의 지도이다. 빨간 구역들이 일반 상업지역이며, 그 뒤로 준주거지역이, 2종 일반주거지역, 3종 일반주거지역이 차례대로 있다. 이론상으로는 상업지역, 준주거지역, 3종, 2종, 1종으로 배치되어야 하는데 상업지역 뒤에 준주거지역이 없이 바로 2~3종 일반주거지역이 오는 곳도 비일비재하다. 역세권 주변에 2종 일반주거지역이 모두

접해 있음을 볼 수 있다. 이러한 역세권 주거지역(2 · 3종 일반주거지역)이 준주거지역으로 용도지역이 상향되어 역세권 복합개발이 가능해졌다.

■ 상한용적률 예시

[출처 : 한림튜브]

개발여력이 충분한 역세권 활성화를 위해 역세권 사업 가능 지역을 최대 20% 확대된다. 또한상가 등 비주거 용도 비율도 용적률의 10%에서 5%로 낮춘다. 서울 도심 역세권 주거지역 용적률이 400% 수준에서 700%로 늘어나 고밀도 개발이 가능해졌다. 어린이집, 사회복지시설 등의 공공시설 혹은 공공임대주택를 통해 공공기여를 하면 최대 700%까지 상한 용적률을 받을 수 있다. 또한 채광이격과 인동간격 기준은 상한용적률과 연동하여 최대 2배까지 차등적으로 완화될 수 있도록 했다.

역세권 고밀개발 사업지에서 용적률 인센티브를 받을 경우, 상향된 용적율의 50%를 공공임대주택(35%)과 공공시설(15%)로 공공기여를 하도록 했다. 나머지 50%는 민간임대주택(25%)와 민간분양(25%)로 건설되어야 한다. 그러나 사업자 입장에서 공공분양은 부담이므로 이런 부분을 민간분양으로 완화해주고 공공부분에서 임대를 책임지게 하는 것이 합리적이라고 생각한다. 대중교통과 기본적인 인프라 시설이 갖춰진 역세권 고밀개발을 통해 시민들의 요구를 반영하고 주택공급에 더욱 속도를 낼 수 있을 것으로 보인다.

## 창동민자역사 : 역세권복합개발

최근 12년 동안 흉물로 방치되었던 도봉구 창동민자역사 공사가 재개되는 것이 부동산 업계의 반가운 소식이다. 도봉구 창동민자역사 복합개발은 노후한 창동역사에 지하 2층~지상 10층, 연면적 약 8만7,293㎡ 규모의 복합 쇼핑몰 '아레나 X 스퀘어'와 환승 센터가 들어선다. 또한 동대문 패션타운의 대표적 쇼핑몰인 '디오트'가 지상 4층 1개 층에 입점할 예정이다. 창동민자역사 개발과 더불어 서울시의 '2040서울도시기본계획'에 따라 창동과 상계동 일대에 문화, 예술 산업과 서울 바이오메디컬 클러스터 등 약 98만㎡ 규모의 도시재생활성화 계획이 실행될 예정에 있으며, 이 외에도 GTX-C노선, 동부간선도로 지하차도 사업 등 역세권 복합개발로 창동민자역사를 중심으로 한 동북권 경제거점으로 탈바꿈될 예정이다.

■ 한림건축그룹이 설계, 감리 그리고 마케팅까지 참여했던 도봉구 창동민자역사 복합 개발 프로젝트

[출처 : 한림건축그룹]

정부는 균형 발전과 집값 안정이라는 목표 아래, 수도권광역급행철도 (GTX) A · B · C · D 노선을 추진하고 있다. 이러한 모빌리티 혁명이 차차 일어나면 도심의 중심이 환승역세권으로 이동하게 된다. 교통의 중심지에는 사람들이 몰려들 수밖에 없다. 주택도 우선적으로 공급될 것이고 상권 역시 먼저 형성될 것이다. 이러한 시장의 원리를 무시하고 주택공급량 달성에만 초점을 맞추다 보면 일자리 문제나 교통 문제가 일어나게 된다. 당장의 주택시장 안정에 목 맬 것이 아니라 도시의 지속가능성을 높이기 위해서는 결국 역세권 고밀 복합개발이 불가피하다. 그런 관점에서 볼 때 창동역사는 과거 청년주택2030이나 역세권 민간 임대 및 분양 상품으로 진

행되지 못한 점이 아쉽다.

■ 창동민자역사_청년주택2030과 민간임대주택 초기안, 2020

## 새로운 용적률 체계가 도시 경쟁력, 뉴욕 허드슨 야드

대한민국 사대문 안 도시정비사업의 특별 계획구역이나 역세권 개발 프로젝트에서 용적률과 높이를 완화하며 공공기여를 통해 재원을 마련한 뉴욕 허드슨 야드 개발사업을 소개하고자 한다.

뉴욕시는 허드슨 야드 개발사업 당시, 장기적인 관점에서 시의 재정 부담을 최소화하기 위해 개발사업을 공공민간파트너십으로 진행했다. 공공은 예산과 자금조달을 담당하고, 개발업체는 사업성에 초점을 맞추는 식이었다.

지구개선보너스(DIB:District Improvement Bonus)라는 제도가 있다. 민간 개발업체는 '조닝 규정(Zoning Resolution)에 설정된 기본 용적률을 초과하는 최대 용적률 보너스를 받을 수 있었다. 보너스를 받기 위해서는 허드슨야드 지구개선기금(DIF)에 제곱피트당 보너스 기부금을 납부해야 한다. 그리고 이렇게 모인 기금을 뉴욕시는 지역의 밀도 개선, 즉 기반시설 확보에 사용했다. 허드슨 야드의 경우 평균 2,000~2,400% 용적률이 적용됐고, 그중 한 블록은 3,300%까지 가능했다.

■ 허드슨 야드 기본/최대 용적율

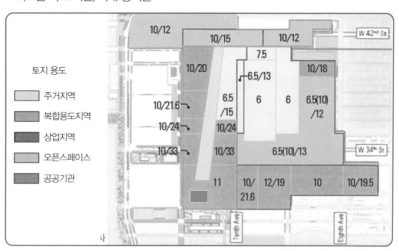

[출처 : 허드슨 야드 고밀도 복합용도지구 (https://www.businessinsider.com)]

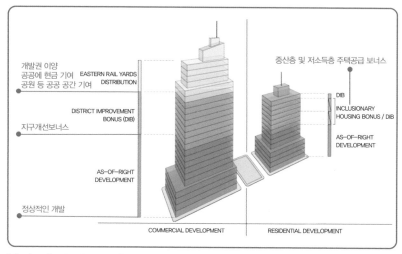

■ Mechanism to Increase FAR 최대 용적률 추가 예시

개발권 이양
공공에 현금 기여          EASTERN RAIL YARDS
공원 등 공공 공간 기여      DISTRIBUTION

중산층 및 저소득층 주택공급 보너스

DISTRICT IMPROVEMENT
BONUS (DIB)

DIB
INCLUSIONARY
HOUSING BONUS / DIB

지구개선보너스

AS–OF–RIGHT
DEVELOPMENT

AS–OF–RIGHT
DEVELOPMENT

정상적인 개발

COMMERCIAL DEVELOPMENT          RESIDENTIAL DEVELOPMENT

[출처 : 허드슨 야드 플랜(허드슨 야드 최대 증가 용적률 예시, 2005.01.19.)]

다음으로 유용했던 제도로는 개발권 양도제가 있다. 허드슨 내 개발사업자는 공원의 용적률을 정해진 가격으로 양도받을 수 있는데 개발사업자가 신사업 일자리, 임대주택, 예술공간 등을 조성하면 용적률을 양도받을 수 있다. 또한 금융 인센티브로 뉴욕시 용지 30년 장기임대를 통해 개발업자의 초기 부담을 최소화하고, 시행사에 60억 달러 규모의 세제 혜택을, 입주사에 법인세 감면 혜택을 제공함으로써 사업을 성공적으로 이끌어가는 제도다.

허드슨 야드 개발사업의 예를 봐도, 공공이 도시의 모든 개발을 책임진다는 것은 시장 논리와 맞지 않는다. 뉴욕시가 허드슨 야드 고밀도 복합개발을 공공민간파트너십으로 진행했듯이, 정부와 서울시도 민간에게 세금 혜택, 용적률 상향, 용도 인센티브를 제공함으로써 민간 개발업체가 창의적인 도시개발사업을 수월히 진행할 수 있는 제도적 장치를 새롭게 마련해야 한다.

내 생각이 이렇듯 뉴욕 허드슨 야드 개발사업 방식을 한국의 도시정비사업에 응용할 부분이 많다고 생각한다. 서울시 『2040 서울플랜』을 보면 미래 서울의 모습은 도심인 세운지구와 용산업무지구 그리고 여의도 도심을 주축으로 새롭게 변신될 전망이다. 획일적이던 35층 높이 규제 폐지, 비욘드 조닝, 그리고 7대 공간 제시 등 규제 완화로 재개발·재건축 활성화를 통해 주택시장 안정화뿐만이 아니라 글로벌 서울을 창조하는 사업에 박차를 가할 것이다.

■ 뉴욕 허드슨 야드 전경

[출처 : http://sfootwearnews.com]

■ 30허드슨야드&더엣지(30 Hudson Yards&The Edge)_돌출된 100층 높이의 전망대

[출처 : Michael Young]

## 역세권 복합개발로 재탄생, 런던 도시재생 킹스크로스

내가 런던 도시재생 프로젝트를 언급하는 것은 정책의 일관성을 유지하는 영국의 도시재생정책 때문이다. 대한민국의 도시계획 정책은 지자체단체장이 바뀔 때마다 사업이 중단되거나 아예 포기되기 때문에 막대한 예산낭비를 가져온다.

나는 지난 2016년 한국부동산개발협회 임원 20여 명과 함께 도시재생 모범적인 사례 국가 영국 런던을 4박 5일 일정으로 방문했다. 『도시의 얼굴, 영국』 저자 이창민 교수 그리고 런던대학교 문화경제학과 김정후 교수의 안내를 받으며 도시의 외관만이 아니라 정부와 개발업자 그리고 주민들이 어떻게 머리를 맞대고 장기적인 플랜으로 런던의 미래를 창조했는지를 간접적으로 체험하는 건축기행이었다.

산업혁명을 거친 런던은 인구 100만 명 넘는 거대한 도시로 성장했고, 이에 따라 주택공급 부족, 주거 환경 질의 하락, 환경 오염 등의 사회 문제들이 대두되기 시작했다. 이에 따라 도시계획과 도시재생에 대한 계획과 행동이 필요하게 되었다. 도시재생은 한마디로 정의하자면 과거의 것을 현재의 것과 어떻게 조화를 이룰 것인가에 대한 도시의 진화다. 과거와 현재가 어우러진 진화를 통해 도시의 역사가 현재와 공존하는 것이다. 산업화가 진행되면 과거에는 필수적이었던 도시 구조가 현재와 맞지 않으면 변화해야 한다. 도시가 지닌 과거의 역사를 통해 새로운 공간 창출이라는 아이디어와 장기 기획이 우선이다.

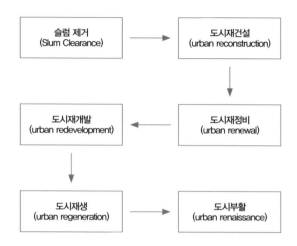

런던 킹스크로스 개발지역은 런던 중심부에 위치한 킹스 크로스(King's Cross) 와 세인트판크라스(St. Pancras)역이 위치한 산업유휴지이다. 킹스 크로스는 빅토리아 시대부터 중요한 산업 중심지였으나 20세기 후반 쇠퇴하기 시작했다. 킹스 크로스는 유럽에서 가장 큰 규모의 도시재생 프로젝트로 역사적인 건물 복원 및 현대 건축의 보완으로 사무실, 상가, 주택, 호텔, 갤러리, 대학교 등 기차역과 더불어 역세권복합시설로 재생되어 지역경제 활성화에 원동력이 되었다.

■1870~1900, 빅토리아 시대 킹스 크로스 역

■2020년 킹스 크로스 역

1996년 개발계획에 관한 논의가 이루어졌고, 통합도시재생 예산을 운영하기 위해 킹스 크로스 파트너쉽(King's Cross Partnerships: KCP)이 설립됐다. 이후 2006년 마스터플랜이 완성됐으며 2008년부터 순차적으로 개발을 시작했다. 그런데 기존 건물을 전부 철거하는 대신 역사적 건물은 보존하면서 새로 짓는 건축물들과 조화를 이루는 방식을 선택했다. 기존 건물을 전부 철거하는 대신 역사적 건물은 보존하면서 새로 짓는 건축물들과 조화를 이루는 방식을 선택했다. 물품 보관창고로 쓰이던 빅토리아 시대의 그래너리 빌딩은 개·보수 이후 영국 최고 예술대학인 런던예술대학교(University of the Art London, UAL) 센트럴 세인트 마틴 캠퍼스가 이전해 왔다. 지상 11층짜리 오피스 건물 '랜드스크래퍼'에는 글로벌 기업 구글의 영국 본사가 입주했다. 세인트 마틴 캠퍼스와 구글 본사는 킹스크로스의 상징이 됐으며 관광객들이 구글 본사앞에서 여러장의 추억과 사진을 남기는 모습을 쉽게 볼 수 있다. 루이비통과 유니버설뮤직도 둥지를 틀었다. 킹스크로스는 오피스 50개 동(棟), 주택 2천500여 가구, 광장 10곳, 커뮤니티·레저시설 등이 들어섰다.

연면적 8만㎡ 규모 커뮤니티 시설에서는 시민들을 위한 다양한 행사와 프로그램이 열린다. 거의 매일 10여개씩 전시·공연·문화 행사가 개최된다. 그래너리 광장의 거대 분수를 비롯한 공원과 볼거리도 다양하다. 킹스크로스는 영국 최대 도시재생 사업일 뿐만 아니라 내용 면에서도 유럽을 대표하는 모범적인 사례로 평가받는다. 옛 것과 새 것이 조화를 이루고, 산업시대라는 과거와 창의적인 현재의 모습을 동시에 느낄 수 있는 곳이다.

■ 1850년에 세워진 석탄 창고였던 콜 드롭스 야드, 2022

콜 드롭스 야드는 현재 고급 상점, 레스토랑, 문화 행사 명소로 자리 잡았다. (삼성전자 브랜드 쇼 케이스 '삼성 킹스크로스' 입점)

■ 그래너리 빌딩 내부, 2016

곡물 창고로 쓰였던 곳으로 독특한 파사드에 아치와 장식적인 디테일이 특징이다. 현재 영국의 명문 예술대학 센트럴 세인트 마틴 캠퍼스로 사용되고 있다.

 1850년대에 설립된 대규모 가스 저장고는 21세기 들어 도시에 가스를
공급하는 방식이 바뀌면서 쓸모없는 시설이 됐지만 도시 계획가들은 가스
저장고를 철거하는 대신 공공성이 높은 건물로 변화시켰다. 현재 가스홀
더 넘버8은 아파트와 다목적 공원으로 재탄생됐다,

■ 킹스 크로스 그래너리 스퀘어 분수광장 앞 예술 작품 전시, 2022

■ Capella in lewis Cubitt Park 주변 주택 공사 중 2022 킹스크로스역세권 재생(신축과 보존의 조화)

[출처 : 박진순(영국 · 뉴욕 도시재생 탐방 앨범 중에서, 2016/2022),
한림튜브_영국 런던 킹스크로스: 미래 도시를 설계하다]

# 영국 킹스 크로스 도시재생 사업 소사

■ 영국 킹스 크로스 도시재생 사업 소사

| 년도 | 내용 | 비고 |
|---|---|---|
| 1987 | 영불해협고속철도법(Channel Tunnel Act) 통과 | |
| 1989 | LRC은 Channel Tunnel Rail Link가 최초의 도시개발계획에 관한 도시계획 허가서를 Camden에 제출 | LRC<br>London<br>Regeneration<br>Consortium |
| 1994 | 유럽을 연결하는 고속철도의 런던 종착역 St Pancras 역으로 최종 확정 | |
| 1996 | 킹스 크로스 파트너십(KCP) 조직 | King's Cross<br>Partnership |
| 1997 | LCR의 킹스 크로스 비전 'Emerging Principle' 발표 | LCR<br>London Continental<br>Railways |
| 2000 | 최종 개발업자 'Argent St George' 선정 | |
| 2001 | 'Principle for Humane City' 발간 | 10대 원칙 |
| 2002 | 'A Framework for Regeneration' 발간 | 도시재생<br>최초 제안과 아이디어 |
| 2004 | 개발업자 Argent 마스터 플랜 제안 | |
| 2006 | Camden 자치구에 도시재생 최종 승인 | |
| 2007 | 영불고속철도 개통 | 유로스타의 종착역.<br>세인트 핀크라스 역 |

[출처: 한림튜브]

■ 개발업자 Argent가 제안한 마스터 플랜, 2004

① Pancras Square ② The Boulevard ③ Granary Square ④ Goods Street ⑤ Cibit Park ⑥ Gas Holder Number 8 ⑦ Gas Holder Triplet ⑧ Coal Drops Yard ⑨ Fish & Coal Office ⑩ The Granary ⑪ The German Gymnasium ⑫ The Great National Hotel ⑬ Residential Building

## 최소 10년 이상의 장기적인 관점에서 진행된 도시재생 플랜

■ 영국 도시재생의 시기별 변천과정

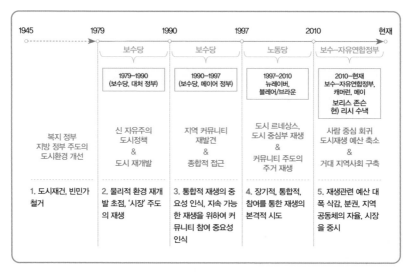

[출처: 영국 도시재생의 맥락과 사례(재정리), 이태희(수원시정연구원), 2018]

영국 정부의 도시재생 정책은 탈산업화, 도시 인구감소, 경제적 침체의 악순환을 탈피하고자 1980년 대처 정권부터 경제성장을 위한 도시재생 정책 도입 1990년대 이후 문제 해결식 처방의 접근과 지속가능성의 개념을 강조했다는 점이 도시재생 성공 국가로 손꼽히는 이유다.

킹스크로스와 세인트 판크라스 역세권의 도시재생 사업은 ①중앙정부 ②지방정부 ③지역 커뮤니티 ④개발업자간의 긴 논의·협상·대립을 낙후에서 재생까지 소통을 통해 문제를 해결하였다. 또한, 복잡한 경제적 · 정치적 환경에 따라 많은 변화를 겪었다. 당시 커뮤니티그룹 컨소시엄 킹스크로스철도토지그룹 KXRLG(King's Cross Railway Lands Group)은 아젠트가 작성한 마스터플랜의 합법성에 대해 비판했다. 런던 시장은 개발업자 아젠트가 제시한 34%의 서민주택공급이 런던플랜에 제시하고 있는 50%에 미치지 못한다는 이유로 자치구와 함께 부정적인 견해를 피력했다. 그리고 지역 커뮤니티 이익을 대변해온 KXRLG은 재생사업 허가 과정과 2006년 승인된 킹스크로스 재개발 마스터플랜에 이르기까지 지속적으로 커뮤니티의 사회 · 경제적 이익을 대변해왔다. 그리고 독자적으로 마스터플랜을 작성하여 개발의 이익이 최대한 커뮤니티에 최대한 돌아가도록 활동하였다. 커뮤니티 마스터플랜의 특징은 런던플랜과 자치구가 주장하는 50%의 서민주택(affordable hosing) 조성이었다.

구체적인 도시재생 성공사례를 보면 진행과정에서 '장기적인 도시재생 접근방법'이 첫 번째 요인이다. 18년의 진행 과정을 거친 런던 도클랜드, 개발의 승인까지 20년이 소요된 킹스크로스, 15년간에 걸쳐 진행된 그리니치 반도의 도시재생, 10년이 걸린 브린들리플레이스 등 대처 정권 하에 최초 설립된 도시개발공사(Urban Development Corporation, 1981)를 주축으로 지속적이며 끊임없는 정책 강구와 다양한 정부산하 기구 설립이 이를 가능케 했다.

이밖에 영국은 런던 올림픽 당시 지었던 스타디움은 애초에 건축할 때부터 재생을 염두에 두고 철골로 건축했다. 올림픽 때는 8만 석 규모의 주경기장으로 쓰였으나, 올림픽이 끝난 후에는 필요에 따라 건물을 축소할 수 있도록 한 것이다. 또한 선수촌 또한 올림픽이 끝난 후 이스트빌리지 런던이라는 임대주택 단지가 되었다.

무엇보다도 가장 중요한 것은 민간 참여를 적극적으로 끌어들여 개발과 투자를 통해 민관 파트너십 형태로 급변하는 경제적·사회적 환경에 유연하게 대처했다는 점이다.

또 다른 특징은 개발 및 재생 진행과정에서 '모자이크식 접근법'으로 장기간에 걸쳐 부분별로 내용을 구체화했다는 점이다. 마스터플랜에 의해 넓은 재생지역을 동시에 진행하는 것이 아니라, 단계적이며 점진적인 발전을 꾀하며 부분이 전체로 이어지는 유기적인 관계로 물 흐르듯 진행되었다.

지속적인 모니터링 그리고 평가와 수정을 통한 일련의 과정들이 장기적인 안목의 도시재생에 성공적인 결과를 만들었다. 개발에서 재생으로 런던의 약 20년 동안 도시재생의 모범 사례를 연구·분석했을 때 현재 서울의 핫플레이스로 부각된 용산 정비창 부지의 도심재개발에 관심이 많은 것은 어쩌면 당연한 일인지 모른다.

한국도 저성장 시대, 인구감소, 고령화 시대, 경제 침체로 이어지는 도시의 질적인 삶의 개선과 발전을 위해 정부와 지자체가 안간힘을 쓰고 있다. 여기에 고질적인 수도권의 주택문제 해결을 위한 다양한 부동산 정책이 쏟아져 나오고 있다.

실제로 용산 정비창은 2006년 오세훈 서울시장은 코레일의 부채 감축을 위해 51만5,483㎡ 부지에 31조 원을 들여 111층 초고층 빌딩과 업무시설이 등이 포함된 국제업무지구를 개발할 계획을 추진하였다. 삼성물산과 롯데관광개발 등 민간·공공 30개 출자사가 '드림허브PFV'라는 이름으로 모였다. 그러나 2008년 금융위기를 맞아 2013년 사업이 좌초됐다.

이후 2018년 박원순 서울시장이 여의도와 용산지구에 마스터플랜이 발표되면서 또다시 용산지구가 뜨거운 이슈로 부각되었다. 이것은 '2030서울플랜', 용산과 여의도를 개발하여 강남/광화문과 함께 서울 3대 도심으로 만들겠다는 서울시 발표였다. 하지만 발표 직후 인근 집값이 급등하자 서울시는 개발을 무기한 보류했다.

문재인 정부 시절에는 도심 주택공급 부지로 용산 정비창 급부상했다. 문 정부는 2020년 5·6 대책에서 수도권 주택 공급 강화를 위해 용산정비창 부지에 8,000호의 주택을 공급하겠다고 발표했다. 이후 8·4 대책에서 2,000가구를 추가해 총 1만 호의 주택 공급 계획을 수립했다.

이 계획 역시 2021년 4월 보궐선거에서 오세훈 시장이 당선되며 무산됐다. 당시 서울시와 국토교통부가 주택 공급 규모를 두고 이견을 보이며 개발계획이 지연됐다. 결국 2022년 윤석열 정부가 들어선 이후 서울시와 국토부가 6,000호 주택 공급으로 합의점을 찾고 '용산국제업무지구 개발사업'이 본격화됐다.

장기적인 안목에 의한 플랜을 통해 현실적으로 닥친 주택문제 해결 그리고 그 부지의 개발을 통해 지역과 국가경제가 개발되어야 한다. 그리고 직장, 교육, 건강 및 복지가 풍부해야 하며 친환경적인 개발을 통해 앞으로 펼쳐질 스마트시티로 조성되어야 함이 마땅하다.

주민들의 삶과 더불어 공존하는 도시 삶의 조건과 여건에 대한 연구도 심도 있게 다루어야 한다. 용적률을 높여 고밀도 개발이 반드시 나쁜 것은 아니다. 고밀도 개발을 하되 그 주변 환경을 녹지와 친환경 생태계 조성으로 후손들에게 물려줄 만한 아름답고 건강한 도시가 되어야 한다. 이런 관점에서 볼 때 '용산국제업무지구'의 개발계획은 용산을 서울의 허브로 자리잡게 만들 수 있는 충분한 매력이 있다.

런던 킹스크로스, 뉴욕 허드슨 야드 그리고 서울 용산정비창 세 사업장을 비교하면 우리는 교훈을 얻을 수 있다. 런던 킹스크로스의 본격적인 개발사업 2006년도에 시작되었다. 뉴욕 허드슨 야드는 2005년에 조닝 계획이 조성됐고 서울 정비창은 2006년에 최초 용산역세권 개발 사업지 공모가 이뤄졌다. 각 도시 시민들의 세금으로 막대한 예산을 들여 정비 정책을 수립 후 진행됐으나 킹스크로스는 90% 개발 완료를 목전에 두고 있고, 허드슨야드는 사업이 완공되어 미국 국민뿐만이 아니라 세계 관광객들의 명소가 되었다.

  그럼 용산정비창은 어떤가? 당시 용산정비창은 27개의 금융·건설사 등이 '드림허브프로젝트금융투자회사(드림허브PFV)'라는 특수목적 회사를 만들어 개발 프로젝트를 진행했다. 그러나 2008년 글로벌 금융위기 여파로 '미래도시' 개발계획은 첫 삽도 못 떠보고 2013년 백지화됐다. 용산정비창 개발사업에 투입된 서울시민 예산 그리고 민간기업들의 매몰비용은 그렇다 치고 개발이 완성되었다면 국제업무지구로부터 파생되는 일자리 창출과 경제 효과 그리고 대한민국 수도 서울의 위상이 킹스크로스나 허드슨 야드에 뒤지지 않았을 것이다. 윤정부 들어 6,000세대와 복합업무시설로 축소 진행되는 용산정비창 사업은 애초의 계획과 달라 아쉬운 점이 많다. 그럼에도 불구하고 현재의 계획이라도 잘 진행되기를 바란다.

■ 2013년 당시 용산정비창 개발 조감도

[출처 : 서울시]

■ 2024 용산국제업무지구 조감도

[출처 : 코레일]

■ 도시재생 런던 킹스 크로스/뉴욕 허드슨 야드/서울 용산정비창

| 구분 | 런던 킹스크로스 | 뉴욕 허드슨 야드 | 서울 용산정비장 |
|---|---|---|---|
| 사업부지 면적 | 74만㎡ | 11만3057㎡ | 49만3000㎡ |
| 사업 추진 년도 | 1996년 재개발 추진: 킹스크로스 파트너십 조직<br>2000년 최종 개발업자 선정 (Argent St George)<br>2004년 킹스크로스 마스터 플랜<br>2006년부터 개발 시작 (2006~2022) | 2005년 뉴욕 시의회 허드슨 야드 개발 조닝 추진<br>2008년 뉴욕 시의회 허드슨 개발 사업 승인<br>2009년 서부 철도 부지 개발 계획 변경<br>2010 뉴욕 최대 부동산 개발 업체 (릴레이티드Related 개발 착수)<br>2012년 공사 착공 /<br>2025년 완공 목표 | 2006년 용산역세권개발 사업자 공모<br>2013년 용산국제업무지구 백지화<br>2022년 오세훈표 용산 르네상스 재시동<br>2023년 개발 계획 수립<br>2024년 하반기 기반 시설 착공<br>2025년 거점 용지 착공 |
| 사업권 주체 | 정부와 민간 협업<br>2007년부터 정부가 토지 매각하여 사업 추진 | 허드슨개발공사(HYDC) | 공동사업 시행자<br>(코레일 70% / SH공사 30%)<br>+<br>민간 |
| 개발 운영 주체 | 킹스크로스 파트너십<br>에이전트:LLP<br>LCR(런던&컨티넨탈 철도청) | 릴레이트 컴퍼니<br>(Related Companies)<br>옥스퍼드 프로퍼티 그룹<br>(Oxford Properties Group) | |
| 재생 내역 | 50개 오피스 건물(신축+재생)<br>2,000 세대 신규 주택<br>20개 신거리 신설<br>10개 새로운 공원과 광장 조성<br>30,000여 명의 일자리 창출 | 하이앤드 오피스<br>아파트, 호텔, 공연예술센터 등<br>16개 초고층 타워, 광장, 공원<br>용적률 인센티브 제도 도입<br>(평균 2,000~2,400% /<br>공공 기부시 최대 3,300%)<br>*대표적 구조물: 베슬Vessle | 6,000여 세대 주거 조성<br>직주혼합의 융·복합 국제도시<br>녹지생태도시/스마트도시<br>50%이상 녹지 확보/<br>용적률 1500% 초과 허용<br>국제교육시설 병원 유치<br>업무시설/비즈니스호텔<br>증강현실공연장 |
| 투자비용 | 약 4조 2천억 | 약 28조 | 약 12조 |
| 특징 | 모자이크식 접근법<br>(장기간에 걸쳐 부분별 개발) | 세제 인센티브를 통한 재원 조달<br>(개발업체: 약 6조 세제 혜택/<br>입주사 법인세 혜택 등) | 입지규제 최소 구역<br>(융·복합 국제도시) |

[출처: 한림튜브]

## 03

## 2050년 미래의
## 도시

### 대한민국 소멸위기?

### 저출산·초고령 사회 대한민국 부동산 전망

뉴욕, 런던 등의 세계 주요 도시들은 인구과밀화에 따른 몸살을 앓고 있으며, 전 세계 인구는 점점 늘어나고 도시화 및 인구집중은 더 심화될 예정이다. UN경제사회국에 따르면 2050년에 전세계 인구는 100억 명으로 증가하며 이중 67%가 도시에 거주할 것이라고 한다. 메가시티는 2030년에 10개 이상 늘어날 것이라고 전망한다.

| 순위 | 1990년 | 2022년 | 2050년(예측) |
|---|---|---|---|
| 1위 | 중국(11억4400만) | 중국(14억2600만) | 인도(16억6800만) |
| 2위 | 인도(8억6100만) | 인도(14억1200만) | 중국(13억1700만) |
| 3위 | 미국(2억4600만) | 미국(3억3700만) | 미국(3억7500만) |
| 4위 | 인도네시아(1억8100만) | 인도네시아(2억7500만) | 나이지리아(3억7500만) |
| 5위 | 브라질(1억4900만) | 파키스탄(2억3400만) | 파키스탄(3억6600만) |

[출처: 동아일보]

   반면 세계의 팽창과는 별개로, 대한민국은 저출산·고령화와 1~2인 가구의 증가로 사회 지형적 변화를 맞고 있다. 한국의 인구는 지속적으로 감소하고 있으며 통계청의 추계에 따르면

   2023년 현재 51,558,034명이 2050년에는 47,358,532명으로 4,199,502명이 줄어든다.

2023년 2월 기준 서울 인구수는 약 943만 명입니다. 서울 인구가 가장 많을때는 1990년대 초반으로 이때는 인구가 약 1100만 가까이 육박하기도 했다. 정점에 비하면 현재 150만명 이상 줄어든 상황이다. 서울 인구가 줄어든 이유는 대한민국 전체의 인구가 감소하는 것이 원인이고 또한 높은 집값때문이다. 이유는 서울의 치솟는 집값, 전세값을 감당못해 경기도로 이사하기 때문이다.

인구 고령화의 속도도 가속된다. UN에서는 만 65세 이상 인구 비중이 7%가 넘으면 '고령화사회'로 21%가 넘으면 '초고령 사회'로 정의하고 있다. 한국은 2005년에 고령화 사회에 진입했고, 2025년에는 초고령 사회로 진입하게 된다. 게다가 출산율은 계속해서 최저치를 찍고 있다. 2022년 합계출산율은 0.78명으로 전년보다 0.03명 감소했으며, 1970년 통계 작성 이래 역대 최저치를 경신했다. 지역별 합계출산율은 서울이 0.59명으로 가장 낮고, 이어 부산(0.72명), 인천(0.75명)순이다. 부정적 시나리오에서는 전국의 합계출산율이 2025년에는 0.6명대까지 떨어질 가능성이 높은 상황이다.

■ 국내 지역별 100년 후 인구 전망

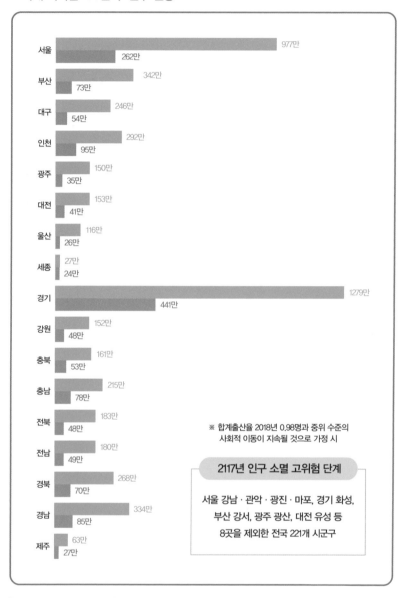

| 지역 | | |
|---|---|---|
| 서울 | 977만 | 262만 |
| 부산 | 342만 | 73만 |
| 대구 | 246만 | 54만 |
| 인천 | 292만 | 95만 |
| 광주 | 150만 | 35만 |
| 대전 | 153만 | 41만 |
| 울산 | 116만 | 26만 |
| 세종 | 27만 | 24만 |
| 경기 | 1279만 | 441만 |
| 강원 | 152만 | 48만 |
| 충북 | 161만 | 53만 |
| 충남 | 215만 | 78만 |
| 전북 | 183만 | 48만 |
| 전남 | 180만 | 49만 |
| 경북 | 268만 | 70만 |
| 경남 | 334만 | 85만 |
| 제주 | 63만 | 27만 |

※ 합계출산율 2018년 0.98명과 중위 수준의
사회적 이동이 지속될 것으로 가정 시

**2117년 인구 소멸 고위험 단계**

서울 강남 · 관악 · 광진 · 마포, 경기 화성,
부산 강서, 광주 광산, 대전 유성 등
8곳을 제외한 전국 221개 시군구

[출처 : 감사원, 통계청]

이런 경우 주택시장 양극화가 일어날 확률이 높다. 비인기지역의 인구가 줄어 인프라 공백이 발생하면 자연히 일자리가 줄면, 사람들이 빠져나가 인구가 점점 들어드는 악순환이 발생하는 것이다. 빠져나간 인구는 인프라가 양호한 인기지역으로 이동한다. 이런 현상은 일본에서 일어난 바있으며, 한국 역시 이대로 인구가 줄어들면 상대적으로 인프라가 부족한지방이나 신도시 인구들이 서울로 더 몰려들 수 있다. 그러므로 인구수는떨어지더라도 서울의 주택 가격은 떨어지지 않을 가능성이 있는 것이다. 오히려 '좋은 곳에 살고 싶은' 수요가 서울에 집중되며 주택 가격은 더 예측할 수 없게 된다.

저출산, 초고령화 그리고 인구감소에 따른 변화와 도시화 가속 현상 등변화에 맞닥뜨린 상황에서 사회, 경제, 정치적 충격에 대한 대안은 반드시필요하다. 인구, 주택, 교통, 환경 등 국가 시스템 전반에 대한 수정은 이제 피할 수 없는 과제가 되었다. 부동산 개발 역시 이러한 사회 시스템과정책에 맞물려 가야한다.

## 고령인구 천만 시대, 노인복지주택 재정비 시급

한국은 초고령화 시대가 눈앞에 놓여있다. 통계청 자료에 따르면 2023년 65세 이상 고령인구 비율 18.4%로 사상 처음 900만명을 돌파했다. 2025년이면 20.6%로 초고령사회로 진입한다. 이 같은 트렌드에 따라 고령자를위한 주거서비스 수요가 증가할 것이다. 개인적으로 과거 서울시 '역세권

2030청년주택' 정책이 있었듯이 주택공급 규제 완화 연장선에서 '고령자를 위한 특별공급' 정책도 정부와 지자체가 고려할 시점이라고 생각한다. 윤석열 정부는 저출산율 대책과 맞물려 청년과 신혼부부를 위한 특별공급을 계속 늘리고 있는데, 빠르게 증가하는 고령화 인구에 대한 주거대책은 찾아볼 수 없다. 인구수는 줄고 노령 가구수는 매년 늘어나는 시점에 은퇴 후 고령층을 위한 복지주거정책에 민간 시장이 성장하도록 정부의 역할이 중요하다.

실버타운과 같은 노인복지시설 도입 가능 용도지역 중 자연녹지지역(건폐율 20%, 용적률 100%, 4층 이하)의 건폐율과 용적률을 최대 건폐율 30%, 용적률 120%까지 완화가 필요하다. 그리고 노인복지시설 도입 가능 용도지역에서 사업성이 떨어져 민간 업체의 참여가 힘든 것이 현실이다. 이에 대한 보완책으로 토지비, 공사비, 인건비 상승에 임대 보증만으로 사업비를 충당할 수 없기 때문에 90% 분양 10% 의무 임대 상품으로 전환할 수 있는 제도 개선이 시급한 시점에 정부가 현행법상 금지된 분양형 실버타운(노인복지주택)을 허용하는 방안을 다시 추진중이다. 급속한 고령화 현상에 대응하기 위해 2015년에 폐지된 분양형 실버타운을 재도입하여 공급을 늘리겠다는 방침이다. 이렇게 되면 시행사의 수익성이 좋아지며 노인복지주택 사업에 대한 민간 참여가 당연히 늘어날 것이다.

## 1인 가구수 증가, 소형 주택의 지속적 공급 요구된다

그렇지만 인구는 줄어도 여전히 사람들은 도시로 몰려들 것이다. 인구가 줄면 주택 수요도 줄어 주택 가격이 하락할 것으로 생각되지만, 단순한 문제가 아니다. 가구가 분화되어 1인 가구가 늘어나고 있는 점도 변수이지만, 사람들이 몰리는 지역은 한정되어 있으므로 비인기지역부터 빠르게 소멸될 것이라는 것이 대다수 전문가들의 이야기다.

개인적으로 인구는 감소해도 1인 가구는 지속적으로 늘어날 것이다. 정부는 인프라가 잘 갖추어진 도시의 역세권 고밀·복합개발로 1인 가구나 신혼부부들을 위한 직주근접이 가능한 주택공급 정책을 펼쳐야 한다.

■ 2020년과 2050년 1인 가구 연령별 규모 및 구성비 비교

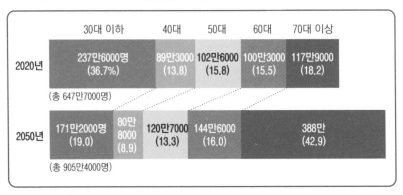

[출처: 통계청]

예를 들어 서민과 1~2인 가구 주거 안정을 위해 2009년에 도입된 소형 주택(원룸형주택)은 현재 30~60㎡ 이하의 경우 방2실 이상 세대를 1/3 이하로 평면구성을 하도록 규정하고 있다. 그러나 앞으로의 인구 구조변화

그리고 아파트 대체상품으로 소형주택 활성화를 위해 2룸 이상 가구의 비중을 더 늘리는 방안이 필요하다. 또한 소형주택은 아파트와 마찬가지로 주택 수로 인정되고 분양가 통제를 받지 않아 가격이 비싸다는 평가다. 이런 이유로 지속적으로 증가하는 1~2인 가구원 중 청년·무주택자의 니즈를 충족시키지 못하고 있는 실정이다. 정부는 대한민국 미래의 인구구조 변화를 고려한 소규모 개발의 유연한 규제 완화를 통해 지속적인 소형주택 공급으로 내 집 마련을 위한 현실적인 대안을 펼쳐야 한다.

서울 도심은 이미 수많은 건축물로 가득차 있다. 소형 주택(2룸 이상)을 공급하는 방법은 역세권 주변을 활성화하여 용적률·높이를 완화하는 역세권활성화, 역세권고밀개발 사업 등이 있다. 민간기업은 역세권 주변 토지를 매입하여 오피스텔이나 도시형 생활주택을 개발할 수 있다.

2023년 12월 기준 한림건축그룹에서 도심에 오피스텔 인·허가를 진행하는 현장이 단 한 건도 없다. 이는 공급이 중단되었다는 현실이다. 장기화 될 경우 소형 주택의 공급이 없으므로 발생되는 현상 중 하나가 주택가격 상승이다. 1인 가구와 신혼 가구는 증가하고 가야할 곳은 없고 그러면 공급과 수요 원칙에 따라 가격 상승이 당연하다. 도심의 아파트는 중평형 이상이고 이미 가격은 10억 원대를 초과했기 때문에 그들은 직장과 거리가 먼 위성도시로 나가야 하고 출퇴근에 2시간 이상을 소비해야 한다. 개발도상국에서 흔히 볼 수 있는 출퇴근 모습을 대한민국 수도 서울에서 보고 있는 것이다. 공급과 수요는 타이밍이 중요하다. 윤정부는 문정부에서 규제한 임대차보호법, DSR, 1가구 2주택 오피스텔 비주거, 생활숙박시설,

주거현실화 등의 완화를 통해 공급의 수위를 조절해야 한다. 정부는 일자리를 찾아 지방에서 상경하는 청년 취업자들과 맞벌이를 하는 신혼부부들은 30분 이내 출퇴근이 가능하도록 역세권 주거공급을 해야 할 의무가 있다. 시간과 돈은 바꿀 수가 없다. 직주근접하며 자기계발과 개인 삶의 여유를 즐길 수 있는 주거복지는 돈으로 환산할 수 없는 귀중한 복지정책이라고 판단된다.

20세기 산업화 시대에 도시는 상업지구이고 외곽은 주거지구인 공간 편성이 적합한 모델이었다. 그러나 21세기 멀티미디어 시대는 삶의 질에 대한 개인들의 욕구로 인프라가 잘 갖추어진 첨단도시가 절대적으로 필요하다. 도시에서 경제활동을 추구하는 1인 가구를 포함한 청년 및 신혼 부부를 위한 주택공급이 우선시 되야한다. 그들이 미래 대한민국을 이끄는 세대이니 당연히 그들을 위한 주택공급 정책이 필요하다.


지방의 경우 산간도시 및 농촌 취락 구역의 고령화 인구를 구도심으로 조기 이동시켜 전기, 도로, 학교, 관공서 등 인프라 구축 및 비용을 절감하고 그 절감된 비용을 구도심 컴팩트시티 조성에 투입해야 한다. 빈집을 철거하고 구도심으로 주민들을 이전시켜야한다.

분당, 일산 그리고 송도 등 신도시들이 지속적으로 오랜 시간을 두고 성장한 가능성을 눈여겨 봐야한다. 분당은 IT, 일산은 미디어 송도는 글로벌 바이오 센터로 콘텐츠 중심의 도시들이 성장하고 있다.

## 더 이상 신도시 안된다

노무현 정부의 실패한 부동산 정책 중 규제 정책을 그대로 답습한 문재인 정부 역시 주택시장 안정을 위해 대규모 택지지구로 남양주 왕숙, 하남 교산, 인천 계양, 고양 창릉, 부천 대장 등 5곳을 3기 신도시로 지정했다. 사전청약제도, 분양가상한제로 인근 시세의 70~80%, 신혼부부 특별공급 등 무주택자 실수요자를 위한 내 집 마련 기회였으나 시장의 반응은 냉소적이었다. 1·2기 신도시 주민민들은 집값 하락과 교통 악화를 이유로 집단 반발에 나섰고, 한남 교산, 남양주 왕숙 신도시 해당 지역 주민들도 헐값 보상을 우려하며 토지 수용에 반대했다. 당시 판교를 빼고는 아직 개발이 완료되지 않은 상태에서 3기 신도시 발표로 부동산 시장에 혼란만 안겨주었다.

3년 안에 주택공급을 위해 첫 삽을 뜨겠다던 정책은 아직도 토지 보상을 다 못하고 있다. 2·3기 신도시라는 매머드급 공급계획은 토건족의 보수 정권이 아니라 진보정권에서 내놓은 대한민국 부동산 역사의 아이러니가 이렇게 탄생됐다. 첫 계획도시 1기 신도시가 공급된 지 33년이 지났다. 문제는 2·3기 신도시 분양 및 입주까지 갈길이 먼데 윤석열 정부는 1기 신도시 재정비라는 큰 숙제를 해결해야만 한다.

또 하나의 윤석열 정부의 큰 걸림돌은 저출산·고령화에 따른 지방소멸의 문제다. 과거 공기업 이전을 통해 지방에 혁신도시를 육성한다는 지방분권화에 초점을 둔 균형있는 국토발전정책이 그 운명을 다하게 되었다. 지방 혁신도시를 만들 때 구도심이 아닌 주변의 신도시에 청사, 세무사,

경찰청 등이 새로이 조성되며 인구와 인프라가 이동되어 구도심이 황폐화되었다. 지방 대도시 대구나 부산의 제조기반 산업도시들이 21세기 멀티미디어 시대를 맞이하여 국가 산업구조가 바뀌었다. 콘텐츠 중심의 지역 특화 산업을 육성하여 새로운 도시로 태어나지 않으면 소멸할 수밖에 없다. 달리 말하면 시대가 변했다. 지방에 더 이상의 건설지향적인 부동산 정책은 안된다.

## 인구 구조 데이터로 수요자 중심의 맞춤형 주택공급

2022년 12월 국토연구원에서는 주택가격 상승이 출산율에 하락에 미치는 영향에 대한 보고서의 분석에 따르면, 주택가격 상승에 따른 합계출산율 하락이 최장 7년간 지속되었다고 한다. 주택가격이 5% 상승시 합계출산율은 0.7명 감소한다는 것이다. 결국 주택가격 상승이 대한민국 인구 감소에 영향을 미친다는 것이다.

부동산 개발자로서 그 해결의 실마리를 찾아본다면 결국 '수요자 중심의 맞춤형 주택공급'이 답이다. 인구감소 그리고 저출산·고령화 시대, 1~2인 가구의 증가에 따른 주택공급에 대한 실질적이고 구체적인 방안을 제시해야 한다. 통계청의 미래 인구 구조 변화 전망 데이터가 한국의 인구감소가 위기를 넘어 국가의 존폐 위기를 떠들 정도로 심각한 수준이기 때문이다. 정부는 지역별 인구의 연령, 가구 유형, 가구 규모, 소득 수준 등 인구 구조 변화 데이터를 분석하여 미래의 인구 수요를 예측하여 각 지역에 맞는 차별화된 주택공급 계획을 수립해야 한다. 수집한 데이터를 토대로 수요가 증가할 것으로 예측되는 지역에 인구 구조에 맞는 다양한 유형과 크기의 주택공급을 확대해야 한다. 지속적인 인구 구조 데이터와 주택 시장 데이터를 분석하여 주택공급을 기획하고 수요와 공급의 합리적인 조절을 통해 부동산의 안정화를 이끌어 내야한다.

  1인 가구의 천만 시대가 도래했다. 문제는 고령층의 비약적인 증가로 새로운 주택공급 정책을 준비해야 한다. 고령층은 소형 주택, 교통 접근성이 편리한 주택 그리고 복지 시설이 제공되는 주택을 선호할 것이다. 정부는 민간 부동산 개발자와 협력하여 저비용 주택, 소형 주택, 공공임대주택 등의 공급을 촉진하고 경제적으로 안정적인 주거를 할 수 있도록 지원을 아끼지 말아야 한다. 특히 청년들뿐만이 아니라 고령층을 위한 역세권 중심에 병원, 노유자 시설 등을 고려한 '고령층 부동산 정책'을 펼쳐야 한다. 역세권 주택 개발 지원 정책을 통해서 주택 건설을 유도하며, 병원, 어르신을 위한 생활 편의 시설 등 인프라와 함께 새로운 주거 환경을 조성할 필요가 있다.
  인구 구조 변화에 대응하며 도시 공간에 새로운 가치를 창출하는 구도심 개발이 시대적인 과제라고 본다. 바로 1인 가구 증가 등 인구 변화에 능동적으로 대처하며 시민들이 각자 중심이며 주인이 되는 도시다. 이를 해결하기 위해 구도심의 개발을 통해 노후화된 인프라와 건물을 현대화하고 개선하여 도시의 이미지를 향상시킬수 있다. 과거 경제개발로 인한 급속한 도시의 팽창과 도시 외곽에 공공주택지구 조성, 신도시 등 주택지 위주의 도심개발이 일자리 이동에 따른 교통혼잡을 가져왔다. 지속가능한 도시 개발을 위해 대중교통과 연계된 컴팩트시티를 고밀도 복합용도개발로 문화시설, 상업시설, 주거시설이 혼재하는 촘촘하고 컴팩트하게 재구조화해야 할 시점이다.

도시의 무분별한 외곽확산으로 침체되고 슬럼화된 구도심이 이제 묵은 때를 벗어버리고 새롭게 재생되어야 한다. 또한 구도심의 대중교통과 연계된 초고밀 압축도시, 컴팩트시티로서 인구감소의 변화, 특히 1~2인 가구수 증가에 대비해야 한다.

■ 서울플랜 2030 광역 교통축

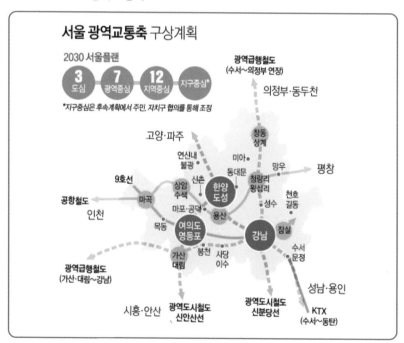

[출처: 연합뉴스(자료:서울시)]

## 이민정책 지금부터 세워야 한다

저출산 초고령화로 나타나는 근본적인 문제는 생산인력 감소다. 국가의 생산성이 하락하는 것이다. 이를 해결하기 위해서는 단순히 출산율을 높이는 데 매달려서는 안 된다. 4차 산업혁명을 통해 기존 산업의 효율화를 추진하고 고부가가치를 창조하는 제품과 서비스를 개발하는 방법도 있다. 정부와 기업이 손잡고 산업별 생산성을 측정하고 주요국과의 비교 통계를 통해 다양한 방향으로 고민해야 한다.

해외자산의 축적과 함께 해외소득의 확대도 중요하다. 또한 이와 맞물려 외국인 이민 수용 정책의 중요성도 높아지고 있다. 일본의 경우 해외 소득수지 흑자가 무역수지 적자 기조 상황에서 큰 힘이 되어주고 있으며, 14개 업종에서 35만 명의 단순 외국인 근로자를 수용하기로 했기 때문이다.

■ 세계와 한국의 생산가능인구(15~64세) 구성비 추이

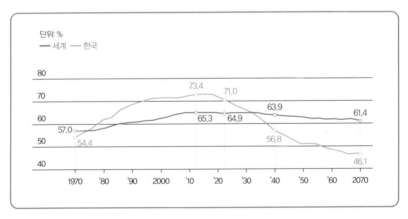

[출처: 통계청]

윤석열 정부는 인구 문제의 주요 해법으로 '지방균형발전'과 '이민 정책'을 고려하고 있다. 윤 대통령은 "저출산·고령화 문제를 근본적으로 풀어가기 위해서는 지역이 스스로 동력을 찾고 발전해야 한다"며 지방균형발전 정책은 인구 정책과 맞닿아 있다고 강조해왔다. 또 해외 인력의 국내유입을 장려하는 이민도 해법의 하나로 보고 있다. 한동훈 법무부 장관은 올해 초 업무보고에서 외국인 정책 컨트롤타워인 '출입국·이민관리청'(가칭) 신설을 상반기 내 추진하겠다는 입장이다.

한 장관은 대한민국 인구 감소 문제에 대해 인구 감소는 복합적이고 구조적인 문제이며 출산율 회복 정책만으로는 한계가 있다며 출입국 이민정책에서 답을 찾아야 한다고 한다. 정부가 인구 감소의 심각성에 출산율 회복 이외의 정책 대안을 마련 중이다. 더 나아가 "이민 정책은 인류애를 위한 것이 아니다. 우리의 국익과 국민의 이익을 위한 이민 정책이어야 한다. 지자체, 기업과 협력해서 외국인 입국부터 정착까지 전 과정을 고려한 통합 정책을 추진할 것"을 강조한 한 장관의 이민정책이 대한민국의 지속가능한 발전을 위해 반드시 해결해야 하는 문제에 의심의 여지가 없다고 생각한다.

외국 인력의 채용은 많은 장점이 있다. 치열한 글로벌 경쟁환경 속에서 앞서나가려면 우수한 외국 인력 유치는 필수적이다. 세계 유수의 글로벌 기업은 이미 국적을 불문하고 우수한 인재를 활용해 세계시장을 겨냥하고 있지 않은가. 다양한 국가와 문화적 배경을 가진 인재들이 모이면 혁신적인 상품과 서비스를 개발할 수 있는 가능성이 높아진다. 기술 혁신의 요람이라 불리는 실리콘 밸리의 고급인력 상당수가 이민자였음은 이미 유명한 사실이다. 디벨로핑 국가의우수한 외국인 노동자는 도전정신이 높고 명확한 목표를 가진 사람이 많다. 이러한 바람은 회사에 다양성과 글로벌 경영 마인드로 혁신적인 사고를 불어넣는다.

외국 인재를 안정적으로 정책시키기 위해서는 장기적인 관점에서의 이민정책이 반드시 필요하다. 외국 인재뿐만 아니라 그들과 함께 이민해온 가족들이 편하게 생활할 수 있는 환경을 제공하는 것도 매우 중요하다. 한국어 교육 프로그램, 한국의 문화를 이해할 수 있도록 돕는 프로그램, 국제 수준의 교육 기관, 다양한 언어와 문화를 수용할 수 있는 시민의식과 행정서비스 및 인프라 확충은 물론이고, 우수한 외국 인재들을 효과적으로 운영하기 위한 시스템과 유능한 관리직과 임원 양성이 필수적이다.

현재 한국에는 노동집약형 외국 근로자들이 대부분이다. 이들은 개발도상국의 동남아시아, 중앙아시아 출신들이 대부분이다. 20년 전부터 산업인력으로 한국에 들어오기 시작했고 이들은 산업인력공단 연수생으로 한국 제조업 분야에 배치되어 한국인보다 값싼 노동력으로 일을 했다. 이들은 급여를 본국으로 송금하여 온 집안을 먹여 살리고, 교육시키고 집 장만하는 종자돈으로 사용했다. 자국에서는 50~60만원의 노동인력이 한국에서는 200만 원 이상의 돈을 벌 수 있고 열악하지만 숙식이 제공되기 때문에 야근까지 해가며 돈을 저축하여 급여의 전부를 본국의 가족에게 송금할 수 있었다. 그러나 악덕 고용주를 만나면 급여가 연체되는 경우도 있었고 체류 기간을 초과하고 불법체류자를 협박하여 노동력을 착취하는 등 여러 가지 사회적인 문제가 생기기 시작했다. 종교단체와 NGO 단체들은 그들의 인권을 보호에 앞장섰고 노동력이 부족한 산업 현장에서는 불법체류자들을 고용할 수 밖에 없었고 오래 근무한 외국인 노동자 중 경험이 풍부한 노동자들이 주축이 되어 친목 모임을 결성하여 정보를 교환하며 인건비가 높은 곳으로 이동하기 시작했다. 요즘은 한국 민노총과 현장을 연계되어 작업 현장을 선택하며 집단행동을 하는 사례가 발생한다는 뉴스를 접했다. 조선 용접공, 어업, 농업, 임업 등 각 산업 분야 불법체류자들을 합법화하는 정책이 필요한 시점이다. 한동훈 장관은 지난 7월 대한상공회의소 주최 제주포럼 강연에서 앞으로 고급 인력도 늘리고 외국인 노동자들을 우리나라 기업이 추천하면 "E-7-4(숙련기능인력) 전환을 통해 불법체류의 이탈을 막고 3만5,000명으로 늘리겠다"는 발표를 했다. 그러나 최저임금 준수, 노동시간 준수 등 외국인 노동자 수준과 국내 노동자 수준의 형평성을 뛰어넘지 못해 어려운 점들이 많다.

■ 외국인 임금근로자 월평균 임금

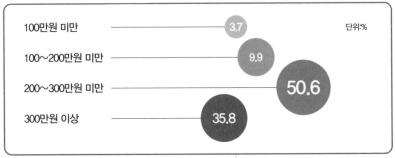

[출처: 통계청(2023년 5월 기준)]

현재 한림건축그룹은 해외법인을 운영하고 있다. 당연히 현지에서는 로컬 직원들을 채용하고 있다. 현지 대학 졸업자 직원에게 미얀마는 300불, 캄보디아는 400불, 베트남은 500불(엘리트:100~140만 원 지급)의 급여를 지급하고 있다. "한국으로 유학왔다가 한국 근무를 간절히 원한다"는 지인의 부탁으로 외국인을 고용했는데 국내 최저임금을 적용하다 보니 현지 15년차 전문인력과 같은 급여를 주어야 한다. 기업 입장에서 고용비 대비 효율성이 떨어진다. 제조업도 4대 보험에 야근 수당을 합치면 400만 원 이상 급여를 수령하는 노동자들이 많다는 이야기를 제조업 고용주에게 들었다. 설계 업종에서는 창의력과 도면 그리는 CAD 실력 등 손이 빨라야하는 부분이 있다. 기능은 3년 정도 지나면 따라갈 수 있지만, 한국 법규를 이해하고 건축주를 설득한다는 것은 언감생심이다. 이런 연유로 서비스 업종에는 시기상조다. 그렇다면 교육의 시스템으로 극복할 수 있을 것이다. 현지 대학에서부터 교과 과정에 한국어 교육 프로그램이 진행되면 문제는 해결된다. 일본의 사례를 보면 불법체류자들이 발견되는 즉시 보호소로 갔다가 자국으로 퇴출시킨다. 그리고 송출 국가에서의 책임이 강화되어 철저히 관리되고 있다. 이를 위해 전 집안이 보증을 서야 하고 본인 스스로 일본 생활이 보장된 직장에 다니며 기간 연장도 가능하여 불법체류 이유가 전혀 없는 것이다. 우리나라는 첫 단추부터 잘못 끼었다. 앞으로 이런 문제점을 감안하여 불법체류자의 본국 송환에 이르는 것까지 사전교육을 철저히 해야 한다.

## 역이민 정책 펼쳐야

일각에선 세계 194국에 흩어져 있는 약 750만 재외동포를 국내로 불러들이는 이른바 '역이민' 유도 정책이 현실적 대안이 될 수 있다는 목소리가 나온다. 인구유출과 지역인구 감소로 심각한 고민에 빠진 지방 도시를 활성화시켜 결과적으로 국가균형발전을 이루는데 역이민 정책이 한가지 대안이라 생각된다. 지방 도시에 역이민하는 재외동포들과 국내 다문화가정이 함께 모여 살 수 있는 정주도시를 만들고 교육, 의료를 비롯해 실생활에 필요한 모든 기반시설을 갖춘, IoT 기반의 첨단 스마트도시로 조성하는 것이다. 지방 도시들이 국제학교와 해외대학 분교 등을 유치하면 새로운 교육도시로 자리잡을 수 있을 것이다.

또한 우리가 해외 국가 중 재외동포 복귀에 적극적인 이스라엘의 정책을 분석할 필요가 있다. 이스라엘의 동포 귀환 정책은 1950년 제정된 " 모든 유대민족은 이스라엘로 귀환하여 이스라엘 국적을 취득할 권리 보유" 한다는 귀환법에 근거하여 전 세계 모든 유대인에 이스라엘로 돌아와 정착할 권리를 부여하는 것이다.

지금 인구감소에 따른 노동력 부족, 글로벌 경쟁의 위기에 직면해 있는 한국 역시 동포 및 외국인 유입 확대에 따라 예상되는 부작용과 비용 등을 고려하면서 효율적인 이민정책을 고려해야 할 것이다. 이와 함께 저출산, 초고령화 사회라는 위기를 맞아 장기적이고 입체적인 관점에서 다양한 정책과 도시계획을 수립해야 한다. 그들이 취업, 결혼, 양육, 노후 등에 대해 미래지향적인 계획을 할 수 있도록 정책적인 배려를 세워야 한다.


**이민정책이 몰고올 부동산의 변화**

캐나다는 경제 중심 이민정책으로 연간 30만 명 이상의 이민자들 유지하고 있다. 성공적인 모델로 평가받는 캐나다의 이민정책은 이민자들의 고학력, 전문기술, 노동자들의 노동 댓가로 인한 경제적 기여는 국가 경제에 긍정적인 영향을 미치고 있다. 그리고 성공적인 이민정책 덕분에 인구도 증가하고 있으며 주택 수요도 증가하고 있다. 결국 이민자들의 인구 증가로 주택 구매와 임대 수요가 꾸준히 늘어나며 부동산 시장의 안정화에도 기여하고 있다. *캐나다 통계청: 2023년 1월 1일 기준 캐나다 인구는 전년 대비 105만명 증가(90%는 이민자)

그렇다면 점차적으로 저출산 · 고령화로 인구가 감소하는 상황에서 한국 정부도 적극적인 이민정책을 펼쳐야한다. 이민정책은 인구 증가를 촉진시키며 그들을 정착시킬 주거시설 조성으로 부동산 활성화에도 도움이 될 것이다. 그들을 위한 공간 마련이 도시의 구도심과 지역의 황폐화를 막는 방법으로 국가균형발전과 국가경쟁력에 긍정적인 영향을 줄 것이다.

단순히 거주할 공간을 마련하는 것이 아니라 내국인과 이민자들의 차별성이 없어야 한다. 예를 들면 하나의 국민이라는 이민 특별 정책을 제정하여 미래지향적인 인구 대책을 준비해야 한다. 이민자들을 맞이할 준비 그리고 그들의 2세가 바로 대한민국의 미래라는 공감대가 형성되어야 마땅하다. 또한 이민자들을 위한 정주 여건 대책 마련이 한국의 미래 도시계획에 반드시 포함되어야 할 것이다.

우리나라에 거주하는 등록 외국인을 국가별로 보면 중국이 80% 이상을 차지하고 있다. 물론 이민정책에 의한 것이 아니라 한민족의 하나인 중국 국적 조선족 노동자들이 1992년 한·중수교 이후 일자리를 찾아 한국으로 이주한 결과다. 그들은 서울 영등포 가리봉동과 대림동에 집단거주하였다. 구로와 가산디지털단지 등 공장지대로 저렴한 임대료와 편리한 교통이 그들을 한곳에 모이게 하였다. 특수한 경우지만 조선족의 집단 거주는 한국에 다소 부정적인 요소로 자리하게 되었다. 저렴한 주택을 선택한 집단 거주가 한국인과는 문화적 차이, 언어적 소통의 어려움, 주거 환경 등 다양한 사회적 문제를 일으켰기 때문이다.

앞으로 한국은 이민정책, 역이민, 다문화가정 등 다양한 인종과 문화가 공존하는 쇼셜 믹스를 고려한 주거지 조성과 주택공급 정책이 필요하다. 이를 위해 상호 이해와 존중, 문화 교류 및 경제적 협력을 촉진하는 정책과 프로그램을 개발하고, 지역 사회의 다양한 이해관계자들과 협력하여 지속가능한 사회적 통합을 이루는 것이 미래 대한민국의 인구 구조 변화에 따른 부동산 주택공급 과제라고 본다.

3장을 통해 서울시 도시정책의 과거와 현재를 시대별로 살펴보았다. 이제 더이상 신도시 개발이 필요한 것이 아니라 구도심 고밀·복합개발 활성화로 도시 경쟁력을 키워야 한다는 결론에 도달했다. 특히 구도심 역세권 복합개발로 청년·신혼부부들이 역세권 직주근접으로 출퇴근 시간을 줄이며 일과 삶의 균형을 이루는 '워라밸'이 가능한 정책이 실행되야 한다.

2040 서울도시기본계획의 비욘드 조닝, 즉 서울형 新 지역용도체계로 도심 공간을 재개편하여 주거공간, 업무공간, 쇼핑공간 등이 어우르는 도심복합개발로 자립생활권, 혁신 도시로의 대전환이 시급하다. 구도심의 보존과 개발이라는 단순 논리에 갇히지 않고 뉴욕시의 개발권양도제도 (TDR)처럼 도심에서 역사적으로 보존 가치가 있는 빌딩을 유지할 수 있는 제도를 적극 수용해서 역사(문화재) 보존과 개발이라는 두 마리 토끼를 잡을 수 있어야 한다. 또한 일률적으로 적용됐던 35층 높이 기준이 철폐되고 용적률은 유지로 다채로운 스카이라인 조성이 가능하기 때문에 민간 디벨로퍼의 창의적인 아이디어가 매우 중요하다. 조망권이 확보되고 개방감이 높으며 녹지공간 확보로 걷고 싶은 서울 거리가 넘쳐나야 한다.

통계청 자료에 따르면 2023년 65세 이상 고령 인구가 18.4%로 사상 처음 900만 명을 넘겼다. 2025년에는 초고령 사회로 진입한다. 이들을 위한 주거 정책이 시급하다. 과거 서울시의 역세권 청년주택2030 정책처럼 '고령자를 위한 특별공급' 정책도 정부와 지자체가 서둘러야 한다. 인구수는 줄고 노령 가구수는 매년 증가하는 시점에 은퇴 후 고령자를 위한 복지주거정책에 민간 시장이 성장하도록 정부의 역할이 중요하다.

또한 한국의 인구 감소가 위기를 넘어 국가의 존폐 위기를 떠들 정도로 심각한 수준이다. 윤 정부는 인구 문제의 해법으로 '지방균형발전'과 '이민정책'을 추진 중이다. 특히 이민정책은 대한민국의 지속가능발전을 위해 해결할 문제로 출산율 회복 정책만큼이나 중요하다. 이를 위해 이민자들을 위한 정주 여건 대책이 한국의 미래 도시계획에 반드시 포함돼야 한다.

지방의 경우 산간도시 및 농어촌 취락지구의 고령 인구를 구도심으로 이전시키고 빈집들을 철거하여 전기, 도로, 학교, 관공서 등 인프라 구축비용을 절감해야 한다. 이 절감된 비용으로 구도심을 컴팩트시티로 조성해야 한다. 윤정부가 추진하는 도시재생혁신지구와 주거환경개선사업(우리동네살리기)이 차질없이 진행되어 지역 경제 활성화와 일자리 창출로 지역주민 삶의 질 향상에 만전을 기해야 한다.

대한민국 부동산 정책은 이처럼 종합적이고 미래지향적인 안목으로부터 출발해야 한다. 과거처럼 근시적인 정책을 수립해서 국민의 혈세가 낭비되지 않도록 해야 한다. 또한 포플리즘에 휘둘리면 더욱더 안된다. 지역별 인구수 변동에 따른 정확한 데이터 기반의 '공급과 수요'를 통해 부동산 정책을 펼쳐야 한다. 부동산의 안정화가 대한민국의 미래다. 한국의 미래를 이끌어갈 청년들의 주거안정이 대한민국의 미래를 밝게 만드는 것이다.

# 건축사의 상상이
# 디벨로퍼의 가치를 만든다!

함께 좋은 일을 만들어가고
공간으로부터 파생된 가치를 세상에 나누는 것이 나의 신념이다.
나와 내 주변과 이 사회와 대한민국,
그리고 나아가 세계까지 닿기를 소원한다.

## 도시는 살아 있는 유기체다

정부는 정책을 수립하는 과정에서 주의해야 할 점은 도시는 살아 있는 유기체이기 때문에 정책을 잘못 세우면 고칠 수가 없다. 과거의 잘못된 정책을 회상하며 시장의 목소리를 경청해야만 한다.

도시는 살아 있다. 수학공식처럼 매번 같은 결과가 나오지 않는다. 시대에 따라, 사람들의 생활양식과 각자의 생각, 세계 정세와 국내 정책 등 수많은 변수에 따라 생생하게 반응하고 변화한다. 디벨로퍼가 항상 깨어 어

있어야만 하는 이유가 바로 그것이다. 우리가 몸을 건강하게 하기 위해서 영양제를 먹고 푹 쉬는 시간도 필요하지만 또 근육을 혹사시키며 운동도 해줘야 하는 것처럼, 도시도 마찬가지다. 규제로 누른다고 슬라임처럼 마냥 짜부러지는 것이 아니다. 언젠가 터져나오게 되어 있으므로 적절히 완급 조절을 해야 한다. 무조건 숫자로 묶어두는 것만이 능사는 아니라는 의미다.

정부 주도하의 부동산 정책은 더 이상 안된다. 용적률을 숫자로 묶어놓고, 연면적을 숫자로 묶어놓고, 대지의 면적을 숫자로 묶어놓고... 그렇게 묶어놓는 순간에 도시의 가능성은 사라지고 정형화된다. 이 이상, 이 이하로는 절대 안된다고 못박아두기보다는 플러스 마이너스를 어느 정도 자율적으로 할 수 있게 열어두면 도시는 훨씬 더 업그레이드 될 수 있다. 2040 서울도시기본계획에서 용도나 높이, 용적률 등을 묶어두지 않기로 한 것처럼, 단순히 건물의 층수가 올라간다는 것이 아니다. 스카이 라인이 달라지고 도시 건물들의 입면이 다채로워진다. 우리가 바라보는 땅과 하늘의 모양이 달라지는 것이다.

## 대한민국 부동산의 무궁무진한 가능성

대한민국의 부동산 가능성은 아직 무궁무진하다. 서울을 보라. 높은 건물이 중요한 게 아니다. 관광객이 서울에서 뭘 보고 어디에 가야 할지 묻는다면 뭐라고 대답할 것인가? 인사동, 명동, 남산타워 등 많겠지만, 서울만의 정체성을 보여줄 수 있는 콘텐츠는 부족한 것이 현실이다.

상상해보자. 서울에서 한국만의 정서를 보여줄 수 있는 곳은 바로 궁이다. 경복궁, 창덕궁, 덕수궁 등이 있는 이 벨트를 어떻게 살릴 수 있을지 고민해보자. 이 지역을 한옥풍으로 꾸며보는 것은 어떨까?

그리고 강북의 북한산, 도봉산, 수락산, 불암산으로 이어지는 명산 라인을 케이블카로 연결하고 중간 산자락에 한옥 호텔을 지어 관광객을 유치하는 것은 어떨까 생각해 본다. 관광객들은 케이블카를 이용 한국 명산을 쭉 둘러보는 코스로 한국의 정취를 듬뿍 느낄 수 있는 관광 코스 개발을 상상해 본다.

출처:www.howlanders.com/blog/en/bolivia/la-paz-cable-car-information/

볼리비아 수도 라파즈 케이블카 텔레페리코_2014년 개통 이후 케이블카 네트워크가 도시 인프라의 중요한 요소로 자리잡았다. 스위스 마테호른 중턱에 자리잡은 호텔이 기억에 남는 것은 왜 일까? 환경을 중시하는 스위스 곳곳에 케이블카와 한정된 장소에 숙박 시설을 유치하여 세계 최고의 관광 명소를 만든 국가에 환경론자가 없었을까?

보존을 빙자한 방치는 개발보다 못할 수 있다. 관주도형의 개발은 더 이상 안된다. 지자체 단체장이 바뀌면 어김없이 전임자의 정책이 지워지는 우리의 현실을 볼 때 민간주도형의 개발이 필요하다고 생각한다. 관은 행정지원을 하고 민간은 아이디어와 자금조달을 통해 새로운 기술로 창의적인 도시를 만들 것으로 생각한다.

서울 한가운데 흐르는 한강은 세계에서도 10위권 안에 들어갈 만큼 넓은 강폭을 가지고 있다. 프랑스 파리 세느 강, 영국 런던 템즈와는 비교가 안 된다. 그런데 현재로서는 산책길과 자전거길 외에는 특별하게 활용하지 못하고 있다.

올림픽대로를 지하화하고 수변 공간을 활용해 저층 건물과 데크를 건설해 쉼과 문화교류의 공간으로 만들 수도 있을 것이다. 그리고 종로, 을지로, 퇴계로의 CBD(central business district)와 용산국제업무지구의 높이와 용적률을 풀어서 고밀도 · 초고층 복합도심으로 발전시키는 것이다. 뉴욕의 허드슨야드처럼 서울의 중심에 오피스존, 호텔, 주상복합 등이 들어서 뜨거운 심장이 되어줄 것이다.

누군가는 대한민국 건축은 이제 레드오션이라고 말한다. 서울 땅에서 개발할 수 있는 곳은 다 개발되었다고 이야기한다. 그러나 현장에서 지켜본 대한민국 부동산, 서울의 부동산에 잠재되어있는 가능성은 아직도 무궁무진하다. 대한민국, 서울의 부동산은 역동적으로 움직이고 있기 때문이다. 그래서 현장에서는 그 안에서 생활을 영위하는 사람들과 함께 가치를 만들어나가는 것이 중요하다.

## 같이 가자, 가치

대한민국은 해방을 맞이하고 전후 혼란 속에서 피난민들이 서울로 몰려들어 주택문제가 심각한 사회적 문제로 자리 잡았다. 주택은 부족하고 돈이 없는 이주민들은 무허가 판자촌에 살 수밖에 없었다. 이런 특수한 상황에서 공동주택, 아파트 건설이 자리 잡으며 아파트 문화를 형성하여 궁극적으로 아파트 공화국이라는 용어까지 등장하게 되었다.

독특함과 개성이 없는 콘크리트 건물인 아파트는 창의적인 디자인을 기대할 수 없는 것이 현실이다. 그러나 최근 주상복합건물과 더불어 지어지는 독특한 복합주거시설에는 다양하며 창의적인 설계들이 돋보이는 건축물을 볼 수 있다. 이제는 천편일률적인 설계 디자인을 벗어나 창의적인 건축가들의 상상력으로 멋진 건축물들이 들어설 것이다. 다시 말해 창의적인 건축가들의 예술성을 인정하는 건설 문화가 필요하다.

이때 놓치면 안 되는 사실이 있다. 건축가들은 친환경 건축물 조성을 반드시 실천해야 한다. 미래 건축물은 재생가능에너지를 활용하여 에너지 소비를 줄이며 탄소 배출을 감소시켜야 한다. 효율적인 토지 사용과 거주자의 교통 편의성을 높이고 교통량을 최소화하는 건축물로 밀집도를 유지하고 다양한 기능, 주거, 상업, 공공서비스를 혼합하는 방식으로 설계 디자인해야 한다. 친환경 건축물은 지구 환경을 보존하고 지키는 건강한 도시 환경을 만드는 중요한 역할을 수행할 것이다.

스스로 나 자신에게 약속하는 것이 있다. 늘 깨어있는 사람이 되어 매 순간 최선을 다하는 것이다. 공부하지 않으면 도태된다는 사실을 누구보다 잘 알고 있기 때문이다. 최근 챗GPT 활용이 매우 높다. 인공지능이 우리 일상 깊숙이 파고들고 있다. AI에 질문하고 그 답변을 토대로 책도 만들고, 영화도 만들고, 이미지도 만들고, 작사 · 작곡도 가능하다. 인간이 상상할 수 있는 것을 AI가 실현시켜준다.

나는 10여 년 전부터 인공지능설계의 가능성에 대해 예의주시하고 있었다. 다양하며 독창적인 AI설계 프로그램이 속속 등장하고 있다. 내 예상대로 인공지능은 인간을 보조하며 데이터 기반의 통찰력을 제공해서 인간으로 하여금 더 혁신적이며 창의적인 일에 집중할 수 있도록 돕고 있다. 혹자는 이야기한다. '인공지능이 인간을 능가할 것이다'라고. 결국 인공지능이 딥러닝(심화학습)으로 스스로 생각하는 능력을 가지고 있기 때문에 불가능한 이야기는 아니다.

또한 앞으로 미래 도시에 대해 궁금하다. AI와 지능형 기술은 건축 분야에서도 점점 중요해지고 있다. 건축가들은 기술과 혁신에 대한 이해를 통해서 AI를 활용하여 건축 디자인, 구조 분석, 에너지 효율성 등을 향상시킬 수 있다. 이는 곧 스마트 도시와 연결된 시스템을 개발할 수 있다. 건축가들은 항상 최신 기술 동향을 파악하고, 자신의 전문 분야에서 혁신을 추구해야 생존할 수 있다. 미래 도시는 기능성뿐만 아니라 시각적인 아름다움과 디자인적인 가치를 갖춘 건축물들로 구성될 것이다. 미래 건축가들은 창의적인 사고와 디자인 역량을 갖추어 도시의 아름다움과 기능성을 조화롭게 결합하는 건축물과 도시 공간을 창조해야 한다.

전두환
임대주택건설촉진법

노태우
주택 200만호 건설계획

2000
도시기본계획 확
따른 재
기본계획 수정/

도시재개발법 개정

한국토지개발공사등
시행자 참여범위 확대
재개발사업 5개년 계획수립
88올림픽 대비

도심재개발 기본계획
보완을 위한 기초조사 실시

재개발구역내 건축행위제한 완
(대수선, 용도변경, 개축 등)

**1981
도시
계획법**

임명직(관선)

22대 고건

1982  1983  1984  1985  1986  1987  1988  1989  1990  1

19대 김성배            20대 염보현            21대 김용래  23대

도시계획법세 10%
재개발기금 적립 시작
도심재개발 촉진방안
건폐율 · 용적률 · 용도규제완화
기존시설 신 · 중축허용

10회 서울
아시안게임

노태우
1기신도시

서울 자
등록
100만

88서울올림픽
서울시 인구 1,000만 돌파

김영삼    부동산실명제 50년                    김대중
금융실명제    장기임대주택                    분양가 자율화 국민임대주택

도심재개발법 개정                    도시계획조례 제정
(용적률 강화)

도심재개발 기본계획
수정/보완

도심재개발 기본계획
변경공고

도심재개발 기본계획
변경공고

임명직(관선)                    선출직(민선)

1992    1993    1994    1995    1996    1997    1998    1999    2000    2001

24대 이해원    27대 이원종    30대 조순    31대 고건

IMF 외환위기

2011 서울도시기본계획

서울 자동차
등록대수
00만 돌파

2020도시환경정비기본계획 변경공고
청계천 복원공사 완공

**도시재정비촉진을 위한 특별법 제정**
북촌 한옥등록제 도입

2020도시환경정비 기본계획 수립
수복형 정비수법 모델 마련
서울시 역세권시프트 공급확대

**도시및주거환경 정비법 제정**
뉴타운사업 시범지구 선정

청계천 복원공사 착공
균형발전촉진지구 최초지역 선정

도시환경정비기본계획 일부변경
**용적률 인센티브량 조정**
도심재창조 종합계획수립

선출직(민선)

선출직 (

| 2002 | 2003 | 2004 | 2005 | 2006 | 2007 | 2008 | 2009 | 2010 |
|------|------|------|------|------|------|------|------|------|

**32대 이명박**

**33대 34대 오세훈**

청계천 복원에 따른
도심부발전계획수립

도시환경정비기본계획 일부변경
준공업지역 4개소 포함
청진구역 건폐율 완화

17회 한국/일본
월드컵

**노무현**
종합부동산세 도입

2030 서울도
기본계획
청산승인 뉴타
해제
역사문화도시
기본계획
공평구역 수
정비구역 일부

**노무현**
2기 신도시
국민임대주택 100만호
장기공공임대주택 150만호

**리먼브라더스사태/**
**글로벌 금융위기**

**이명박**
보금자리주택건설 특별법

울시 용도지역
리방향 및
정 기준

윤석열 270만 가구 공급
청년원가주택 30만호
역세권첫집 20만호

2024.1.10.
부동산
대책

중공업지역 종합발전계획
2030 역사도심기본계획확정

재건축초과
이익환수법

도시환경정비법
일부개정
비물제 적용
(2012.10)

도시재생활성화 및 지원조례시행령 제정
도시재생위원회 구성
전국최초 · 도시재생기금 · 설치    임대차3법

노후계획도시 정비 및
지원에 관한 특별법

| 2013 | 2014 | 2015 | 2016 | 2017 | 2018 | 2019 | 2020 | 2021 | 2022 | 2023 | **2024** |

35대 36대 37대 박원순                              38대 오세훈

2030 서울플랜
위계획 수립기준 개정
로재정비 촉진지구변경

도시재생지역 확정 공고
2025 서울시 도시재생 전략기획

30년 이상 노후주택
안전진단 PASS
오피스텔 발코니 설치 허용
신축 소형주택(60㎡ 이하)
구입시 주택수 제외
1기 신도시 정비사업
3기 신도시 가속화
공적 PF대출 보증(25조원 공급)/
HUG에서 PF보증

시재생 특별법 제정
재생활성화 구역 지정

문재인
3기 신도시

4월 7일
오세훈
서울시장 당선

민간임대주택 특별법
주택도시기금법

2040 서울 도시기본계획
6대 재개발 규제완화
신속통합기획 21곳 선정
모아주택 · 모아타운
지구단위계획 전면 수정
35층 규제 폐지

체
주택
가구

박근혜
공주택건설 특별법

[출처: 한림건축그룹]

## 참고문헌

『서울의 도시공간 정책 50년』, 어제와 오늘, 서울연구원, 2016

『영국의 도시재생 전략체계와 실행전략에 관한 연구』, 박근철 외, 2011

『공공임대주택 공급동향 분석과 정책과제』, 국회입법사무처, 2020

『영국 도시재생의 유형별 성공사례 분석』, 서울시정개발연구원, 양도식. 2008

『서울시 도시및주거환경정비 기본계획(도시환경정비부문)』, 서울시, 2004

『국토지리학회지』, 제45권 1호, 박근철, 주범, 김홍기, 김세용, 2011

『서울 도시계획이야기』(총 5권), 손정목, 한울, 2020

『한국 주거의 사회사』, 전남일 외 3명, 돌베개, 2008

『대한민국 부동산 트렌드』, 진희선, 행복에너지, 2021

『2020 부동산 메가트렌드』, 김경민, HMS부동산랩, 와이즈맵, 2018

『부동산 트렌드 2022』, 김경민, 와이즈맵, 2022

『정해진 미래 시장의 기회』, 조영태 지음, 북스톤, 2018

『서울, 거대도시로 성장하다』, 권영덕 · 이보경 지음, 서울연구원, 2020

『수도권 개발제한구역 50년 정책 변천사』, 김선웅 · 성수연 지음, 서울연구원, 2021

『저출산 · 고령화에 대응하는 싱가포르 이민정책 연구』, 민족 연구 78호, 인구문제와 이민정책, 오정은, 2021

서울역사아카이브(https://museum.seoul.go.kr/archive/NR_index.do)

서울정책아카이브(https://www.seoulsolution.kr/ko)

서울도시계획포털(urban.seoul.go.kr)

서울특별시(www.seoul.go.kr)

네이버 뉴스 라이브러리(newslibrary.naver.com)

유튜브 〈한림튜브〉

네이버 블로그 〈한림건축그룹〉